Daniel Chodowiecki, Desiderius Erasmus

Das Lob der Narrheit

aus dem Lateinischen des Erasmus

Daniel Chodowiecki, Desiderius Erasmus

Das Lob der Narrheit
aus dem Lateinischen des Erasmus

ISBN/EAN: 9783744721417

Hergestellt in Europa, USA, Kanada, Australien, Japan

Cover: Foto ©ninafisch / pixelio.de

Weitere Bücher finden Sie auf **www.hansebooks.com**

Das Lob der Narrhei

aus dem Lateinischen

des Erasmus.

Mit Kupfern von Chodowiecky.

ten und werthesten Freunde zu ergözen. Sie, mein Morus, waren der erste, der mir einfiel. Bey der Erinnerung an Sie war es mir bald so wohl, als es mir allemal ist, wenn ich mich mündlich mit Ihnen unterhalten kann; und so wahr ich ehrlich bin, in meinem ganzen Leben ist mir noch kein angenehmeres Loos zugefallen. Weil ich mich entschlossen hatte, nicht müßig zu seyn, die Umstände mir aber nicht erlaubten, etwas Ernsthaftes zu betreiben, so fiel es mir ein, mir mit dem Lobe der Narrheit einen Zeitvertreib zu machen. Sie, mein Herr, werden mich fragen, wie es gekommen, daß mir diese Grille in den Kopf geflogen sey? Die Narrheit, die ja auf griechisch Moria heißt, fiel mir wie von selbst ein, da ich an meinen Freund Morus dachte, der freylich himmelweit von ihr entfernt ist, wie es der ganzen Welt bewußt ist. Ich vermuthete, dieses Spielwerk meines Kopfes werde Ihnen nicht mißfallen. Ich glaube nicht, daß es sich Ihnen als ein dummes Zeug vorstellen wird; Ihnen, an welchem unsre Zeiten unter andern einen zweyten Democritus erkennen. Scharfsinn und aufgehellter Verstand setzten Sie auf eine hohe Stelle; und doch besitzen Sie die Kunst, sich auf die allerleutseligste Art herabzulassen, und sich in aufgeräumtester Laune nach jedermann zu richten. Sie werden sichs also gefallen lassen, diese Rede nicht nur als ein Denkzeichen Ihres Freundes anzunehmen, sondern sie auch mit Ihrem Schutze zu begünstigen. Da ich sie Ihnen hiemit widme, so gehört sie hinfort Ihnen zu, und nicht mehr mir. Streitsüchtige Verleumder werden freylich

schreyen: solche leichtsinnige Possen schänden einen Theologen; ja sie seyen beissen-
der, als daß sie mit christlicher Bescheidenheit
und Mäßigung bestehen könnten; alte verru-
fene Schandschriften ahmt er nach; beißend
wie sein Muster Lucian. Wer sich an der
Niedrigkeit meines Beyspiels ärgert, und
daß ich daraus ein solches Spielwerk mache, der erinnere sich, daß ich nicht der Erfinder solcher Dinge bin, und daß schon
lange vorher große Männer sich mit solchen
Geschäften abgegeben haben. Vor vielen
Jahrhunderten scherzte Homer seine Frosch-
mäusleren, Virgil seine Mücken- und Mär-
tengedichte, und Ovid seine Nüsse. Poly-
krates pries den Busiris; Isokrates, der
ihn deswegen tadelt, die Ungerechtigkeit
des Glaucus; Favorinus den Theasites
und das viertägige Fieber; Synesius die
Glatze;

Glatze; Lucian die Schmarotzermäuler; Seneca belustigt sich mit der Vergötterung des Claudius; Lucian läßt den zum Schwein gewordenen Gnyllus mit dem Ulysses plaudern; Opulejus erzählt die Abentheur eines Esels; und der heilige Hieronymus redet von dem letzten Willen, den ein Ferkel ich weiß nicht wem in die Feder gegrunzt hat. Wenn man sich mit Ueberlegung dieser Dinge nicht will abspeisen lassen, so stelle man sich vor, ich habe mir in selbiger Zeit mit dem Schachspiele eine Gemüthsergötzung, oder auf dem Steckenpferde eine Leibesbewegung machen wollen. Da man jedermann erlaubt, sich durch ein Spiel von Geschäften zu erholen, warum sollte das Schelmenstück seyn, wenn auch der über den Büchern schwitzende sich einen Zeitvertreib verstattet; insonderheit, wenn er sich in das Ernsthafte hineinscherzt, und das Spielwerk so behandelt, daß der Leser, der eben kein ganzer Dummkopf ist, mehr Nutzen daraus ziehen kann, als aus den düstern Beweisen gewisser hochberühmter Grübler? Von diesen streicht Einer in einer von allen Orten her zusammen gestoppelten Rede die Rhetorik oder Philosophie gewaltig heraus; ein Anderer beschreibt die lobenswürdigen Thaten seines Fürsten; ein Anderer gibt sich alle Mühe, die ganze Welt wider die Türken in Harnisch zu bringen; ein Anderer sagt künftige Dinge vorher; ein Anderer hält sich bey armseligen Fragen auf, wo bey vielem Geschäre wenig Wolle zu erbeuten ist. Ja, kindisch ists, wenn man ernsthafte Dinge blos als Possen behandelt. Aber auch dieses ist wahr: man kann da ein herzliches Vergnügen genießen, wenn man Possen so behandelt, daß es scheint, man habe nichts wenigers als Possen getrieben. Was mich betrift, so muß ich es auf das Urtheil Anderer ankommen lassen. Doch, wenn je die Eigenliebe mich nicht ganz geblendet hat, so habe ich die Narrheit nicht auf eine ganz närrische Weise gelobt. Ich habe mich aber auch vor dem Vorwurfe zu bewahren, daß ich gar zu beißend sey. Man hat dem Witze zu allen Zeiten die Freyheit eingeräumt, das Thun und Lassen der Menschen durch eine scharfe Hechel zu ziehen, wenn er es nur nicht bis zur wilden Ausgelassenheit treibt. Ich muß mich also sehr darüber verwundern, wie verzärtelt heut zu Tage die Ohren geworden, denen bald alles unausstehlich ist, das sich nicht mit schmeichelhaften und stattlichen Titeln feyerlich berühmt befindet. Einige haben es bis zu einer so verkehrten Frömmigkeit gebracht, daß sie ehender die greulichsten Lästerungen wider Christum anhören können, als wenn man sich nur den geringsten Scherz wider den Pabst oder einen Fürsten erlaubt, insonders, wenn der Eigennutz mit im Spiele liegt. Man erlaube mir aber eine Frage: wenn jemand die Vergehungen der Menschen so tadelt, daß er keinen Angriff auf diesen oder jenen insbesondere thut; läßt sichs sagen, daß er beisse? Läßt sichs nicht richtiger behaupten, er lehre und erinnere? Wenn sichs nicht also verhielte, o wie beißend würde ich dann auf vielerley Weise wider mich selbst seyn! Anbey, wer keinen Stand der Menschen vorbey geht, der legt an den Tag, daß er nicht auf irgend einen Menschen übel zu sprechen sey, sondern auf alle und jede Laster. Wenn je-

mand darüber klagen wollte, daß man sich an ihm vergriffen habe, so würde er verrathen, daß er, wo nicht ein böses Gewissen, doch gewiß Furcht im Leibe habe. Diesorts hat der heilige Hieronymus sich einen weit freyern und beissendern Scherz erlaubt, indem er zuweilen diesen und jenen mit Namen nennt. Ich habe mir es nirgends verstattet, jemanden namentlich anzuführen, und meine Schreibart ist durchgehends so eingerichtet, daß es jeder verständige Leser bald einsehen wird, es sey mir mehr um das Vergnügen als um das Beissen zu thun gewesen. Ich habe nirgends, nach dem Beispiele Juvenals, in dem Stankpfuhle der Laster gewühlet, sondern mich beflissen, nicht so fast an dem Schändlichen als an dem Lächerlichen zu arbeiten. Der, dem auch noch dieses kein
Genügen

Genügen thun will, erinnere sich, es bringe gewiß Ehre, wenn man von der Narrheit gescholten wird. Da ich diese reden ließ, mußte ich sie es auf eine ihrer Person geziemende Weise thun lassen. Aber was vertheidige ich mich hier bey einem Manne, der es schon so oft an den Tag geleget hat, wie geschickt er sey, eine Sache, die eben nicht die beste ist, auf die beste Weise zu vertheidigen? Leben Sie wohl, und nehmen Sie dieses Buch, das jezt das Ihrige ist, in Ihren tapfern Schuß.

Auf dem Lande den 10. Brachmonats 1508.

Lobrede,
welche
die Narrheit sich selbst hält.

———

Was die Sterblichen auch immer von mir schwatzen mögen (ich weis es, meine Herren, ich weiß es, in welchem bösen Rufe die Narrheit auch bey den grösten Narren steht) so bin doch ich es, ich, wie Sie mich hier vor sich stehen sehen, durch deren übermenschliche Kraft den Herzen der Götter und der Menschen die muntersten Freuden eingeflößt werden. Wollen

Sie hierüber einen Beweis? Hier ist ein überzeugender:

Kaum war ich aufgetreten, um in dieser zahlreichen Versammlung eine Rede zu halten, so ward plötzlich jedes Antlitz mit einem neuen und ungewöhnlichen Schimmer der Fröhlichkeit übergoldet; plötzlich entfaltete sich jede Stirn; im hellsten liebenswürdigsten Lächeln wird mir von allen Orten der holdeste Beyfall zugewinkt. Wo ich meinen Blick hinrichte, sehe ich Gesichter, die mich nicht anderst denken lassen, als jedermann habe sich bey dem Nektar, dem es die Homerischen Göttern bey ihrem Gelache gewiß an dem Safte des die Traurigkeit verbannenden Ochsenzungenkrautes nicht fehlen lassen, in die beste Laune getrunken: und vorhin sah jeder so finster und grämlich aus, als ob er geradesweges aus einer Eremitenzelle zurükkomme. Wie wenn die Sonne am frühen Morgen ihr goldschönes Antlitz der Erde zuwendet; wie wenn nach dem rauhen Winter der neue Frühling mit seinem belebenden Hauche kömmt: jugendlich glänzt das Antlitz

der ganzen Natur; Farbe, Anzug, alles hat sich
verjüngt: also, meine Herren, hat sich auch auf
ihren Angesichtern, sobald sie einen Blick auf
mich gerichtet hatten, alles geändert. Große
Redner! schwarze Sorgen wollt ihr aus den Her=
zen der Zuhörer verbannen; und wie betreibt
ihrs? in einer viele Nächte hindurch abgezirkelten
langweiligen Rede arbeitet ihr oft vergeblich dar=
an. Schämet euch! Sehet, mit einem einzelnen
Blicke hab ichs zu Stande gebracht!

Warum ich heute in einem so ungewöhnlichen
Aufputze erscheine? Sie werden es sogleich ver=
nehmen, meine Herren, wenn es ihnen nicht zu
beschwerlich ist, mir ein geneigtes Ohr zu gön=
nen; aber bey Leibe ja nicht ein solches, das Sie
den ehrwürdigen Kanzelrednern zuwenden, son=
dern ein solches, das Marktschreyern, Possen=
spielern und Lustigmachern immer offen steht;
ein solches, wie ehedem unser Midas dem Pan ein
stattliches Paar zuwendete.

Mich hat die Laune angewandelt, mich Ih=
nen für eine Weile als Sophistin zu weisen;

nicht von der Art jener, die in unsern Zeiten der
Schuljugend einige Armseligkeiten ängstlich einbläuen, und dabey lärmend ein mehr als weibi-
sches Gekeif ergellen lassen. Ich werde jenen Alten nachahmen, die sich, um dem mir so verhaß-
ten Namen der Weisen klüglich auszuweichen,
Sophisten nannten. Sie übernahmen es, das
Lob der Götter und der Helden herauszustreichen.
Man halte sich also in Bereitschaft, eine Lobrede
anzuhören; nicht auf einen Herkules, einen So-
lon, sondern auf mich, d. i. auf die Narrheit.

Ich mache mir nicht das geringste daraus,
wenn jene Weisen jeden, der sich selbst lobt, für
einen Narren und Unverschämten ausschreyen.
Närrisch so viel sie wollen, wenn sie nur eingestehen, daß es dem Charakter angemessen sey.
Und was könnte sich für die Narrheit besser schicken, als ihr Lob selbst auszuposaunen, und nach
ihrer eigenen Pfeife zu tanzen? Wer wird mich
natürlicher schildern, als ich es selbst thun kann?
Wer steht in genauerer Bekanntschaft mit mir,
als ich?

O ja, man wird mir eingestehen, daß ich mich noch bescheidener betrage, als der Haufe der Großen und Weisen, welche bey einer verkehrten Schamhaftigkeit, einen fuchsschwänzerischen Schwätzer, oder einen windichten Dichter mit baarem Gelde dingen, um aus seinem Munde ihr eigenes Lob anhören zu können; das ist, eitele Lügen: und dann steht der Schamprahler da, wie der Pfau, der mit dem ausgebreiteten Schweife stolziert, den Kamm hochtragend. Der unverschämte Schmeichler vergleicht den Taugenichts mit den Göttern; er streicht ihn als das vollkommenste Tugendmuster heraus, und weis doch, daß derselbe himmelweit davon entfernt sey; er verziert eine kleine Krähe mit fremden Federn; wascht einen Moren; macht aus einer Mücke einen Elephanten. O ich, ich folge dem gemeinen Sprückworte: wenn niemand mich loben will, so lob ich mich selbst.

Verwundern muß ich mich über das Betragen der Sterblichen. Ists Undankbarkeit? ists Trägheit? Sie machen mir alle den Hof; meine

Wohlthätigkeit gegen sie erwecket in ihnen vieles Vergnügen: doch ist seit so vielen Jahrhunderten noch niemand aufgetreten, der aus Erkenntlichkeit das Lob der Narrheit feyerlich angestimmt hätte; und doch schonte man in Herausstreichung eines Busiris, eines Phalaris, des viertägigen Fiebers, eines Kahlkopfs, oder was dergleichen tolles Zeug mehr seyn mag, weder der Nachtlampe, noch dem Schlafe.

Eine unausgearbeitete und im Stegreife gehaltene, deßwegen aber um so viel natürlichere und die Wahrheit angemessener Rede werden Sie von mir hören. Bilden Sie sich ja nicht ein, ich sage dieses nach der Weise gemeiner Redner, um dadurch meinen Geistesfähigkeiten Bewunderung zu erkünsteln. Diese haben sich etwa bey Verfertigung einer Rede dreyßig Jahre hindurch erschwitzt, wenn es ja nicht gar eine zusammengeborgte Waare ist: und doch behaupten sie mit einem tapfern Eidschwure, sie haben sie inner drey Tagen spielend zu Papier gebracht. Meine

Sachs aber ist es, alles gerade heraus zu sagen, wie es mir auf die Zunge springt.

Man erwarte nicht, daß ich mich, nach der Weise der Alletagsredner, bey einer kunstmäßigen Beschreibung meiner selbst, oder wohl gar bey einer kopfbrechenden Eintheilung meines Gegenstandes, verweisen werde. Beydes würde für mich sehr unschicklich seyn. Wie! ich sollte mir selbst Schranken setzen, mir, deren Herrschaft sich über die ganze weite Welt erstreckt? Ich sollte da pedantisch trennen und theilen, wo alle Völker in ihrer Berechnung übereinstimmen? Wozu würde es dienen, ein würkliches Schattenbild von mir hier aufzustellen, da man mich selbst mit Augen sehen kann? Ich mache Sie, meine Herren, zu Augenzeugen: bin ich nicht die ächte Austheilerinn alles Guten, die man in der ganzen Welt die Narrheit zu nennen gewohnt ist?

O ja, ich Närrinn hätte dieses zu sagen nicht nöthig gehabt. Aus meinem Antlitze läßt sich's sehen, auf meiner Stirn lesen, was ich im Schilde führe. Wenn mich jemnnd für die Mi=

nerva ausgeben wollte, für die Göttinn der Weisheit, so würde er widerlegt seyn, so bald man mir ins Angesicht sähe. In diesem, wenn ich auch den Mund nicht aufthue, ist meine Gemüthsart nach dem wahren Leben geschildert. Ich bediene mich keiner Schminke; wie ich von innen bin, zeig ich mich von aussen; ich bin mir immer so gleich, daß man mich auch an denen nicht verkennen kann, die sich unter der Larve der Weisheit für hochweise Männer ausgeben; Affen, die im Purpurröckchen einher strotzen; Esel die in einer Löwenhaut umher traben: wenn sie sich auch noch so listig verstellen, so verrathen doch die hervorragenden Oerchen ihren Midas.

In Wahrheit, das sind undankbare Geschöpfe: sie sind unstreitig unsre Zunftgenossen, und schämen sich doch öffentlich unsern Nahmen anzunehmen; ja sie schimpfen auf die, welche von sich ein ehrlicheres Bekenntniß ablegen. Da sie wirklich Erznarren sind; und doch für weiser als ein Thales wollen angesehen werden: können wir sie nicht mit allem Rechte Närrisch=Weise nennen? Es scheint, daß sie diesorts unsern heutigen Rednern nacheifern, die sich bald gar für Götter halten, wenn sie die Leute bereden können, daß sie, gleich den Blutsaugern, zweyzüngig seyen; sie sehen sich für Helden an, wenn sie eine lateinische Rede mit einigen griechischen Wörtern durchspicken, und also eine unschickliche Musikarbeit zu Markte bringen können. Und wenn es ihnen an ausländischen Wörtern fehlt, so scharren sie aus verschimmelten Schriften etliche veraltete Wörter hervor, mit denen sie dem Leser einen Dunst vor die Augen zaubern: dadurch setzen sie sich in die Gunst derer, die sich darauf verstehen; die übrigen werden um so viel tiefer in Verwunderung gesetzt, je unwissender sie sind. Auch dieses macht einen schönen Theil unsrer Wonne aus, daß wir uns durch das, so von weitem kömmt, am meisten rühren lassen. Die, welchen es an Ehrsucht nicht fehlt, lächeln ihren Beyfall zu, und bewegen geheimnißvoll, gleich den Esel, die Ohren, damit man denke, sie seyen mit der Sache tief bekannt; ja, spra-

chen sie scharfsinnig: die Sache verhält sich wirk＝
lich so, wie sie sich verhält. Ich lenke wieder
ein.

Sie wissen also meinen Namen, Sie, meine
Herren! Welchen Ehrentittel soll ich Ihnen bey=
legen? Das Wort Erznarren wird Ihnen wohl
nicht zuwider seyn; mit einem schicklichern weis
die Göttin der Narrheit ihre Verehrer, die mit
ihren Geheimnissen vertraulich bekannt sind, nicht
zu bezeichnen. Weil aber meine Abkunft eben
nicht vielen bewust seyn wird, so will ich solches
unter dem guten Beystande der Musen zu eröfnen
trachten.

Nicht Chaos, Orkus, Saturn, Jupiter,
war mein Vater, noch irgend einer der veralte=
ten und ausgedienten hausgrunzerischen Götter=
greisen: Plutus hieß er; dieser, und dieser allein
(trotz dem Hesiodus, dem Homerus, und dem
Jupiter selbst) war der Vater der Menschen und
Götter; Plutus, auf dessen Wink auch jetzt noch,
wie vor Zeiten, alles, was heilig und unheilig
ist, unter einander gemengt wird. Krieg, Friede,

Reiche, Rathsversammlungen, Gerichtsplätze, Landtage, Ehen, Bündnisse, Verträge, Gesetze, Künste, das Scherzhafte, das Ernsthafte (o an Athem gebrichts mir!) kurz alle öffentlichen und besonderen Angelegenheiten der Sterblichen, richten sich nach seiner Willkühr. Ohne sein Zuthun würde das ganze poetische Göttervolk (ich will freyer von der Brust weg reden) würden selbst die Götter der ersten Classe entweder gar nicht seyn, oder doch gewiß am häuslichen Tisch ihr Leben sehr sparsam durchbringen müssen. Dem, über den er zürnt, wird selbst Pallas kümmerlich zu helfen wissen. Der, den er begünstigt, wird er mit dem obersten Jupiter, und seinem Donnerkeile, sicher aufnehmen können.

Eines solchen Vaters hab ich mich zu rühmen. Er erzeugte mich, nicht aus seinem Gehirne, wie Jupiter jene saure und scheußliche Minerva, sondern mit der jugendlichen Neotes, der schönsten und muntersten Nymphe. Er war mit ihr nicht im traurigen Bande des Ehestandes verstricket; ich ward nicht wie jener Vulkan, der hinkende Schmidt, gebohren; ich bin eine Tochter der freyen und freudigen Liebe.

Mein Vater war nicht (irren Sie sich nicht, meine Herren!) jener aristophanische Plutus, der abgelebte, halbblinde; nein munter war er noch, in der Blüthe der jugendlichen Hitze; ja, nicht nur der jugendlichen, sondern auch der durch den Nektar entzündeten, den er damals an einem Freudenfeste der Götter reichlich geschlürft hatte.

Wollen Sie auch meinen Geburtsort wissen? O ja, heut zu Tage kömmt es in Absicht auf den Adel vieles darauf an, wo man in der Wiege zuerst geschrien habe. Ich ward nicht in der schwimmenden Insel Delos gebohren; nicht in dem wogenreichen Meere; nicht in einer verborgenen Höle; sondern in jenern beglückten schlarafischen Inseln, wo alles ungesäet und unbepflügt hervor sprudelt; da weis man nichts von Arbeiten, vom Alter, von Krankheiten. Goldwurzeln, Pappeln, Zwiebeln, Feigbohnen, Erbsen, oder andre dergleichen Aermlichkeiten, verstellen da die Felder nicht; dem Auge und Geruche schim=

mern, und duften von allen Seiten her Amaranten, Rosen, Majoran, Violen, Hyacinthen, entgegen; man glaubt, in dem Garten des Adonis zu seyn.

In einer solchen wonnevollen Gegend gebohren, fieng ich das Leben nicht mit Weynen an; schmeichelnd lächelte ich, kleine Närrinn, meiner Mutter sogleich ins Angesicht. Den saturnischen Jupiter beneide ich nicht, daß er eine Ziege zur Amme hatte. Zwo drollichte Nymphen reichten mir ihre Brüste dar: die taumelnde Methe, Tochter des Bachus; und die sorglose Apädia, Tochter des Pans. Beyde befinden sich hier in der Gesellschaft meiner Gefehrten und Aufwärterinnen. Ich soll sie bey ihren Namen nennen? Gut, hier sind sie! Diese, die ihre Stirn hoch trägt, ist die sich selbst liebende Philautia. Diese mit ihren zulächelnden Augen, beyfallklatschenden Händen, ist die schmeichelnde Kolakia. Diese halbschlafende, die man bereits träumend glauben sollte, ist die vergeßliche Lethe. Diese, die sich auf ihre Elenbogen steuert, und die Hände gefaltet hält, ist die arbeitscheuende Misoponia. Diese mit Rosenkränzen umschlungen, Wolgerüche duftend, ist die wollüstige Edone. Diese mit ihren unstet umherschweifenden Augen, ist die wahnsinnige Anoia. Diese mit der glatten Haut, deren ganzer Körper sich sowohl genährt zeigt, ist die verzärtelte Tryphe. Unter diesen Mädchen sind auch zween Götter zu sehen. Der Eine ist der sich bey jugendlichen Trinkgelagen munter hervorthuende Komus; der Andere der sich dann in den tiefsten Schlaf versterbende Nagretos=Hypnos. Mit dem Beystande dieser meiner getreuen Bedienten unterwerf ich alles meiner Herrschaft, und Monarchen selbst ertheil ich meine Befehle.

Ich habe nun von meiner Abkunft, meiner Auferziehung, und meinem Gefolge, Nachricht gegeben. Damit niemand meyne, ich bediene mich ohne Grund des Titels einer Göttinn, will ich zeigen, wie viel Gutes ich an Göttern und Menschen thue, und wie weit sich meine göttliche Macht erstrecke. Man öffne die Ohren!

Jemand hat die nicht unschickliche Anmerkung gemacht: um ein Gott zu seyn, müsse man den Menschen Wohlthaten erweisen. Man hat der Zunft der Götter mit Recht jene einverleibt, welche die Menschen über den Gebrauch des Weines, des Getreides, und andre Lebensbedürfnisse von dieser Art, unterrichtet haben. Wo hätte man das Recht her, mich nicht für das Alpha aller Götter zu halten, mich, welcher einzig jedermann alles und jedes zu verdanken hat?

Zuerst, was kann angenehmer, was köstlicher seyn, als das Leben an sich selbst? Und von wem anders, als von mir, hat man den Anfang desselben erhalten? Nicht die Lanze der aus dem stärksten der Väter gebohrnen Pallas, nicht der Schild des wolkensammelnden Jupiters, hat einen Einfluß in die Zeugung und Fortpflanzung des Menschengeschlechtes. Noch mehr; selbst der Vater der Götter, der König der Menschen, dessen Wink den ganzen Olympus zittern macht, muß seinen dreygespitzten Donnerkeil weglegen, samt seiner titanischen Mine, mit welcher er, nach seinem Belieben, allen Göttern einen Schrecken einjagt; nach der armseligen Weise des Schauspielers muß er einen andern Charakter annehmen, wenn er das thun will, das er zuweilen thut; das ist, wenn er zum Vater eines kleinen Jupiters werden will.

Auf die nächste Stelle nach den Göttern machen die Stoiker Anspruch. Gebt mir einen solchen! Und wenn er auch tausendmal ein Stoiker ist, so muß er mir, wo nicht den Bart, dieses Merkmahl der Weisheit, wenn er ihn auch gleich so groß als der Bock hat, doch gewiß seine Gravität, weglegen; seine Stirn muß sich entfalten; er muß sich seiner demantfesten Grundsätze entschlagen; er muß ein wenig faseln und den Narren spielen; kurz, mich, mich, sag ich, muß der weise Mann zu Hülfe rufen, wenn er zum Vater werden will.

Warum soll ich nicht nach meiner Weise, offenherzig schwatzen? Man sage mir: ists das Haupt, das Antlitz, die Brust, die Hand, das

Ohr, irgend eines der für ehrhaft gehaltenen Kleider, die zur Zeugung der Götter und Menschen erfordert werden? Mich deucht es nicht; es ist etwas so närrisches und lächerliches, daß Sie, meine Herren und Damen, wenn ich es nennen sollte, sich des Lachens nicht enthalten würden, dem man diese Ehre zuerkennen muß. Dieses ist weit richtiger, als jener pythagorische Quaternio, die heilige Quelle, aus welcher Alles das Leben schöpft.

Wo ist der Mann, der dem ehelichen Kapzaume sein Maul darreichen würde, wenn er vorher (wie jene weisen Leute zu thun gewohnt sind) allen Jammer des Ehestandes erwogen hätte? Welche Frau würde zur vertrauten Unterhaltung mit dem Manne sich entschließen, wenn ihr ein Gedanke an die gefährliche Geburtsarbeit und das verdrüßliche Ammengeschäft käme? Da Sie also, meine Herren, ihr Leben dem Ehestande, und diesen der Anoia, meinem hirnlosen Aufwartsmädchen, zu verdanken haben, so ist es Ihnen leicht auszurechnen, in welcher tiefen Schuld Sie bey mir stehen. Die, welche einmal in dieser Noth gewesen ist, würde sich nicht wieder darin wagen, wenn sie sich nicht an meine Gefährtinn, die vergeßliche Lethe, gehalten hätte. Venus selbst (Lucrez mag sagen, was er will!) wirds nicht leugnen, daß es ohne meine Hinzukunft um ihre ganze Kraft etwas ohnmächtiges und unnützes seyn würde.

Mein Spielwerke mag auch noch so taumelnd und lächerlich seyn, so entstanden doch aus ihm jene steifen Philosophen, an deren Stelle sich jetzt die befinden, die man Mönche zu nennen pflegt; in Purpur gekleidete Könige, fromme Priester, und dreymal allerheiligste Päbste; ja die ganze Zunft der poetischen Götter, so zahlreich, daß der Olymp (dessen Raum eben so klein nicht ist) sie kaum fassen kann. Ich würde mit mir selbst nicht zufrieden seyn, wenn man nur bloß die Quelle und Pflanzschule des Lebens mir zu verdanken hätte; ich will zeigen, daß auch alle Bequemlichkeiten des Lebens von mir herkommen.

Was ist dieses Leben, verdient es auch nur den Namen des Lebens, wenn man das Vergnügen davon wegnimmt? O ja! Sie, meine Herren, klatschen mir Ihren Beyfall zu! ich wußte es wohl, daß niemand unter Ihnen so weise ist, oder so närrisch, nein, so weise, daß er solche Gedanken hegen sollte. Selbst die Stoiker verachten die Wollust nicht, ob sie sich gleich aufs geflissenste verstellen, und sie öffentlich mit tausenderley Schimpfnamen belegen; die Tückmäusler, nur um andere davon wegzuscheuhen, und sich eines desto größern Theiles derselben zu versichern. Aber beym Jupiter fordere ich sie auf, diese Heuchler, mir zu sagen, welcher Theil des Lebens nicht traurig, unlustig, eckelhaft, abgeschmackt, lästig wäre, wenn ich nicht dabey für Salz und Gewürze sorgte? Den Sophokles (Und wer ist im Stande diesen Mann genug zu loben?) kann ich hierüber zum unverwerflichen Zeugen aufführen, indem er, um mir Gerechtigkeit widerfahren zu lassen, ausrief: Weg mit Weisheit, wenn man sich des Lebens recht er-

Wir wollen eines nach dem andern beherzigen. Wer weis nicht, daß die erste Scene der Kindheit die freudigste und angenehmste ist? Was befindet sich in den Kindern, das uns auffordert, sie zu küssen, zu umarmen, ihnen zu schmeicheln? das die Hand des rohsten Feindes nöthigt, sie aus jeder Noth zu retten? Anders ists nichts als dieses. Die vorsichtige Natur hat sich Mühe gegeben, die Säuglinge mit der Gabe närrischer Schmeicheleyen zu versehen, damit sie mit einer angenehmen Art von Ersatze, die Arbeit der sie Besorgenden erwiedern, und zugleich ihnen fernere Mühwaltungen scherzhaft abbetteln.

Wenn sie die kindlichen Jahren mit den jugendlichen vertauschet haben, so versichern sie sich der Huld jedermanns; man liebt sie; ereifert sich, ihnen nützlich zu seyn; springt ihnen bey allen Anlässen dienstfertig bey. Und wer hat sie mit einem solchen herzengewinnenden Wesen versehen? Niemand als ich. Weil ich ihnen meine Huld schenke, so sind sie noch fern von aller Weisheit, und folglich von allem Grame. Sobald sie zu mehrern Jahren gelangen, und beym Unterricht und dem Umgange mit der Welt, den verwünschten Weg der männlichen Weisheit betreten (ich will eine Erzlügnerinn seyn, wenn ich nicht die Wahrheit rede!) so ist es um die Blüte ihres aufgehellten Wesens geschehen; ihre Munterkeit fällt ins Träge; ihr artiges Betragen sinkt ins Frostige; die Lebhaftigkeit erstirbt.

Je weiter der Mensch sich von mir entfernt, desto minder erfernt er sich des Lebens; und endlich wird er zum mürrischen Greisen, der nicht nur andern, sondern auch sich selbst zur Last fällt. O ja, keinem Sterblichen würde dann sein Zustand erträglich seyn, wenn ich nicht mich seiner so vielen Mühseligkeiten erbarmend, ihm zum Beystand eilte. Wenn die poetischen Götter jemanden sehen, der zu Grunde gehen will, so kommen sie ihm mit einer Verwandlung zu Hülfe: ich, wenn ich jemanden erblike, der bald reiff zur Baare geworden, ruf ihn, so viel möglich ist, wieder in die Kindheit zurück; wie man

C dann

dann von der zweyten Kindheit derselben vieles zu reden pflegt.

Wie ich sie verwandle? Man soll es hören. Zur Quelle meines Flusses Lethe (er entspringt in den Inseln der Glückseligkeit, und von ihm rinnt nur ein kleines Bächlein in die unterirdischen Gegenden) führ ich sie; und sobald sie sich bey diesem das Vergessen zeugenden Getränk erlabet haben, wird das Gemüh allmählig seines Grams entladen, und vergnügt stehen sie da. — Aber, sie schwatzen ja ganz närrisches Zeug? — Es sey so! Eben dieses heißt ja, wieder jung werden; gerade so muß man plaudern, wenn man Kind heissen will: wirklich ihr unweises Tändeln bringt Ergötzen. Ein Junge, aus dem die Weisheit des Mannes hervorstrotzt: o das ist in Wahrheit ein Mißgeschöpf! Ueberwitz zeugt Ekel. Anbey, wer könnt es ausstehen, einen Greisen, der bey seinem langen Erfahrungsskram alles mit Sprüchen durchwürzte, die er mit Anspannung aller seiner scharfen Be-
urthei=

urtheilungskräfte zusammengedrechselt hätte, zum alltäglichen Gefehrten zu haben?

Weil ich gütig bin, mach ich den Alten zum Narren, der über alle die elenden Sorgen hinausgesetzt ist, mit denen der Weise sich ermartert. Er ist kein unlustiger Tischgefehrte; läßt sich das Zutrinken wohl schmecken; das Leben hängt ihm nicht mehr, wie manchem, als eine Last an; etwann wandert er wieder in die Schule zurück, darinn man sich Einsicht in die Anfangsgründe der Liebe verschaft; ein Zustand, darinn er unglücklich seyn würde, wenn er sich noch unter der Herrschaft der Weisheit befände; bey seinen Freunden ist er ein willkommener und zu Freuden aufgelegter Gast. Aus dem Munde des alten Nestors (beym Homer finden wir es) flossen honigsüsse Reden, indem aus dem Munde des Achilles nichts als Bitterkeiten hervorsprudelten. Und bey eben diesem Dichter sitzen Greisen auf den Mauern der Stadt, und ertändeln sich in blumichten Wortspielen. In diesem Gesichtspunkt ist die zweyte Jugend der ersten vorzuziehen, die zwar ein Vergnügen verschaft, doch ein noch zu kindisches; denn es an der vornehmsten Belustigung des Lebens fehlt, an der unermüdeten Schwatzhaftigkeit. Hiezu kömmt, daß Alte stets an den Kindern, Kinder an den Alten, Vergnügen finden: Gleich und gleich gesellt sich gern.

Alles stimmt bey diesen überein; auſſer daß der Runzlichte mehr Geburtsfeste gefeyert hat. Sonst ist alles gleich: weiſſe Haare, zahnloser Mund, nach der Erde sich bükender Leib, Begierde nach Milchspeisen, Stammeln, Plaudern, Possen, Vergeßlichkeit, Unbesonnenheit, kurz, alles. Je älter der Mensch wird, desto näher kömmt er wieder der Kindheit, bis er auf eine recht kindische Weise, ohne des Lebens überdrüſſig zu seyn, ohne den Tod zu fürchten, aus dem Leben heraus watschelt.

Es gehe nun, wer dazu Lust hat, und vergleiche das, dadurch ich die Menschen beglücke; mit den Verwandlungen, die das Werk der übrigen Götter waren. Was diese manchmal im auffahrenden Zorne thun, o darüber will ich kein Wort verlieren! Was thun sie aber gegen ihre trautesten Lieblinge? Sie verwandeln sie in einen Baum, einen Vogel, eine Grille, oder wohl gar eine Schlange: als ob eine solche Veränderung, und das zu Grunde gehen, nicht die nämliche Sache wäre. Ich aber, ich stelle den gleichen Menschen wieder in die besten und glücklichsten Umstände seines Lebens. Wenn die Sterblichen sich durchgehends alles Umganges mit der Weisheit entschlagen, und ihr Leben einzig bey mir zubringen wollten, so würde das, was man das Veralten nennt, ihnen immer unbekannt bleiben, und in steter Jugend würden sie beglückt seyn.

Sehen Sie mir doch einmal jene Murrköpfe! Philosophisches Grübeln, oder das Betreiben ernsthafter und schwerfälliger Geschäfte, hat sie, ehe sie noch recht Jünglinge waren, zu Greisen verhudelt; Besorgnisse, stete und scharfe Gedankenanstrengung, haben ihre Geisteskräfte, ihre Lebenssäfte, nach und nach erschöpft. Sehen

Sie dort meine tollen Lieblingssöhne: o wie wohl ausgefüttert sind sie nicht! ihre Haut, wie glänzend, wie gespannt! nein, die besten Eichwälder Akarnaniens hätten keine so drolichten Ferkelsgeschöpfe aufzuweisen gehabt. Gewiß sie würden vor allen und jeden Altersbeschwerden ein für allemal gesichert bleiben, wenn sie sich nur stets vor jedem Angriffe der Weisheitsseuche geflissentlich bewahren wollten. O daß sich doch in des Menschen Leben Dinge einschleichen müssen, die ihm eine durchgehende Glückseligkeit neidisch abzustehlen trachten!

Zum Ueberflusse kann ich mich auf eine alte Sache berufen, welcher zufolge die Narrheit das sicherste Mittel ist, die Jugend in ihrem schnellen Laufe aufzuhalten, und das unbeliebige Alter weit wegzutreiben. Den Brabantern sagt man nicht ohne Grunde nach, da das Alter andere Leute klug mache, so gerathen diese, je mehr sie an Jahren zunehmen, in desto größere Narrheiten: und wirklich ist dieses unter allen Völkern dasjenige, welches im gemeinen Umgange das fröhlichste ist, und an dem sich von dem närrischen Wesen alter Leute am wenigsten finden läßt. Man kann ihnen disorts ihre Nachbaren, meine Holländer, an die Seite setzen, die sich so eifrig für meine Anhänger dargeben, daß sie sich ein Recht auf den Ehrentitel der Narren erworben haben; nicht nur schämen sie sich nicht, dieses von sich zu gestehen, sondern sie sind sogar stolz darauf.

So gehet denn nun, schwindlichte Sterbliche, um eine Medea, Circe, Venus, Aurora, und ich weis nicht was für einen Zauberbrunnen aufzusuchen, da man sich wieder jung machen könne: ich, ich allein, bin im Stande dieses zu bewirken, und ich thue es auch. Ich besitze den Wundersaft, vermittelst welchem Memnos Tochter die Jugend Tithons, ihres Ahnen, verlängert hat. Ich bin jene Venus, die dem alten Phaon wieder so jung machte, daß Sapho sterblich in ihn verliebt wurde. Ich (wenn irgend jemand) bin im Besitze der Kräuter, der Zaubermittel, des Brunnens, der nicht nur die verflo=

gene Zeit der Jugend wieder zurück bringt, son=
dern sie auch (welches unvergleichlich besser ist)
für das ganze Leben dauerhaft befestigt. Nun
denn ja, meine Herrn, Sie werden alle meinen
Ausspruch unterschreiben: es giebt nichts lie=
benswürdiges, als die Jugend, nichts abscheuli=
chers als das Alter. Gut! Sie sehen also, in
welcher Schuld sie bey mir stehen; bey mir, die
ich ein so grosses Gut gewähre, ein so grosses
Uebel verbanne.

Was halt ich mich so lange bey Sterblichen
auf? Lasset den ganzen Himmel durch die Muste=
rung gehen; und man sage mir den Namen, den
ich führe, mit einem Hohngelächter ins Angesicht
hinein, wenn sich nicht jede Gottheit als etwas
widerliches und verächtliches darstellen würde,
sobald ich sie meines Einflusses berauben sollte.
Warum zeigt sich Bacchus immer als ein blond=
haarichter Jüngling? Weil er bey der Nectar=
feuchte, Gastereyen, Tänzen, Spielen, sein
ganzes Leben zubringt, und mit der Pallas nicht

den geringsten Umgang hat; er, dem kein Gedanke kömmt, sich für einen Weisen auszugeben; der sich freut, wenn man ihn mit Aeffereyen und drollichten Scherzen verehrt; der sich nicht ärgert, wenn man ihn einen Stocknarren nennt; wenn er an der Thür seines Tempels sitzt, und ein muthwilliger Bauernlümmel ihm das Antlitz mit Most und reifen Feigen beschmiert. Mit welchen Spottnamen hat nicht die alte Somödie ihn belegt! O des abgeschmackten Gottes (hieß es) man kann ihm den Ort anriechen, aus dem er gebohren worden! Aber bey allem dem, wer wollte nicht lieber dieser abgeschmackte Thor seyn, der immer lustig ist, immer jugendlich=munter, immer Spiel und Wollust mit sich bringend, als Jupiter mit den schiefen Zornblicken, die jedermann Furcht einjagen; oder Pan, bey dessen sauerm Grunzen man bald selbst zum närrischen Schreckbilde werden könnte; oder Vulkan, der mit Aschen und Schmutz verziert aus seiner rauchigen Werkstätte hervorhinkt; oder auch die schielende Pallas selbst, die zu nichts taugt, als mit ihrem Medusenkopf und ihrer Lanze den Leuten einen Schrecken einzujagen.

Warum bleibt Amor immer ein Junge? warum? blos weil er ein Possenweisser ist, und nichts thut und denkt, das man auch nur einem Scheine von Ueberlegung zuschreiben könnte. Wie kömmts, daß man die goldschöne Venus stets mit ihrer Frühlingsmine sieht? Sie steht mit mir in Verwandtschaft; die Farbe meines Vaters glüht auf ihrem Antlitze: daher Homer sie die goldene Göttinn nennt; auch lacht sie beständig, wenn Dichter und die ihnen nacheifernden Bildhauer Glauben verdienen. Welche Gottheit ward von den Römern andächtiger verehrt, als Flora, die Mutter aller Wollüste?

Wie steht es um das Thun und Lassen der sauern Götter? Wenn man sich darüber bey dem Homer, und den übrigen Dichtern, Raths erholt, so zeigt sichs, daß es selbst ihnen an nichts weniger fehle, als an Narrheit. Was würd es helfen, die Thaten der Andern weitläufig zu erzählen, da alle Welt von der Verliebtheit und den Narrentheidungen Jupiters, des Donnergottes, nur zu vieles zu sagen hat? Die strenge Diana, die auf ihren beständigen Jagdschwärmereyen ihres Geschlechts vergießt, wie jämmerlich hat sie sich nicht in ihren Endymion verliebt? Doch mir wär es lieber, wenn die Götter sich ihre Geschichte von dem Momus wollten erzehlen lassen, der sie ihnen ehedem oft vorgepredigt hat: aber neulich stürzten sie ihn im Zorne, samt der keifenden Ate, auf die Erde hinab, weil er, der Verdrüßliche, neidisch auf das Glück der Götter, ihnen mit seiner Weisheit stets in den Ohren lag; kein Sterblicher würdigt ihn, ihn unter Dach zu nehmen; und noch weniger findet er einen Eingang an den Höfen der Fürsten, wo mein Folgemädchen, die schmeichelnde Kolakia, in der grösten Achtung steht; und mit ihr stimmt Momus so wenig überein, als der Wolf mit dem Lamme.

Also haben die Götter sich von dem Momus los gemacht; und jetzt können sie, von jedem Sittenrichter befreyt, frey und lustig den Narren spielen. Priapus, ehedem ein Feigenklotz, was bringt er jetzt nicht für Scherze hervor! Merkur, mit seinen Diebereyen und Taschenspielerstreichen, setzt alles ins Lachen. Selbst Vulkan spielt im Gelache der Götter den Stocknarren, und läßts am Herumhinken, an Spöttereyen, an lächerlichen Sprüchen nicht fehlen, die Trinkgesellschaft bey guter Laune zu erhalten. Sogar Silen, der alte Verliebte, hüpft im ländlichen Tanze mit dem Polyphem, und den barfüssigen Nymphen, wacker umher. Satyren ertanzen sich mit ihren Bocksspringen. Pan, mit einem ungesalzenen Liedchen, bringt alles ins Lautlachen: lieber hört man ihn, als die Musen; besonders wenn der Nektar anfängt in den Kopf hinaufzudünsten. O was könnte ich hier für herrliche Dinge von der Wirthschaft der sich sattgenektarisirten Götter sagen! Da, da gehts (beym Herkules schwör ich!) so närrisch her, daß ich, ich selbst, mich zuweilen des Lachens nicht erwehren kann. Doch besser ists, ich lege, gleich dem Harpokrates, den Finger auf den Mund;

leicht könnte sonst ein corycäisch = auflaurender Gott zuhorchen, wenn ich Dinge erzehlte, die selbst dem Momus nicht unbestraft entwischet sind.

Es ist Zeit, daß ich, nach homerischer Weise von den Himmelsbewohnern, zu den Kindern der Erde herabschländre. Ach da, werden wir sehen, daß sich nichts freudiges und glückliches befinde, das nicht mein Geschenk ist.

Sie sehen meine Herren, wie vorsichtig die Natur, die Mutter und Schöpferinn des Menschengeschlechts, alles mit Narrheit durchwürzt hat! Die Stoiker, die es in der Kunst des Beschreibens weit gebracht haben, sagen: sich durch die Vernunft führen lassen, sey Weisheit; Narrheit sey es, wenn man sich nach der Willkühr der Leidenschaften richte. Nun, damit das Leben der Menschen nicht etwas ganz trauriges und finsteres seyn müsse, hat Jupiter in ein Pfund von Leidenschaften kaum eine Unze von Vernunft gemengt; die Vernunft hat er in einen kleinen Winkel des Kopfes gebannt, und den ganzen Leib

den regen Leidenschaften zum Taumelplatz ange=
wiesen. Der Vernunft hat er zween der heftigen
Tyrannen entgegen gesetzt; den Zorn, der seine
Herrschaft in der Burg und der Quelle des Lebens
hat, in dem Herzen; und die Lüsternheit, die
in der Gegend des Unterleibes alles zum Gehor=
same nöthigt. Was die Vernunft wider diese
zween Feinde vermöge, zeigt sich zureichend aus
dem gemeinen Betragen der Menschen; sie schreyt
sich heischer, um ihnen ihre Tugendsprüchgen ein=
zupredigen; aber um den Zügel ihrer Königinn
bekümmern sie sich wenig, und treiben die Wider=
spenstigkeit so weit, daß endlich die müde Für=
stinn sich zum Nachgeben gezwungen sieht, und
sich alles gefallen läßt.

Weil der Mann zur Betreibung der Geschäfte
gebohren ist, so mußte ihm von der Unze der Ver=
nunft etwas mehrers eingepfropft werden. Da=
mit auch dieses richtig angeordnet werde, ward
ich, wie über alles andere, zu Rath gezogen;
und ich that einen Vorschlag, der meiner würdig
war: man soll ihm ein Weib zugesellen; ein när=

risches und schwindlichtes Thier, aber zugleich ein holdes und lächerliches; ein Hausmittel, welches das Düstere des männlichen Scharfsinns durch eigentümliche Narrheit zu würzen, und zu versüßen im Stande ist.

Plato, der im Zweifel zu seyn scheint, ob er das Weib zu den vernünftigen oder zu den vernunftlosen Thieren ordnen wolle, wollte dadurch blos die grosse Narrheit dieses Geschlechtes andeuten. Wenn ein Weib Anspruch auf Weisheit macht, so erweist sie sich als eine doppelte Närrinn; sie will gerade wider den Strom schwimmen: wer sich auf eine naturwidrige Weise mit der Schminke der Tugend beschmiert, und seiner Gemüthsart Gewalt anthut, der verdoppelt seinen Fehler. Bey den Griechen hieß es: der Affe bleibt ein Affe, wenn er gleich in der Purpurjacke einherschwanzt: also bleibt ein Weib ein Weib, das ist eine Närrinn, was sie auch immer für eine Rolle spielt.

Nein, meine Damen, so närrisch wird wohl keine unter Ihnen seyn, deßwegen böse auf mich

zu werden, daß ich, selbst ein Weib, die Erz=
närrinn, Ihnen Narrheit beymesse. Wenn es
Ihnen beliebt, die Sache genau zu erwägen, so
werden Sie mir, der Narrheit, es danken, daß
ich Sie weit glücklicher gemacht habe, als die
Männer es seyn können.

Ohne mich besäßen die Weiber jene reizende
Schönheit nicht, die sie mit Recht allen Dingen
vorziehen, und vermittelst welcher sie selbst über
Tyrannen tyrannisieren. Etwas wegschreckendes
in der Mine, die faltige Haut, das Bartge=
sträuche, das greisenmässige frostige Wesen, wem
hat der Mann dieses Lumpenzeug zu verdanken,
als der bösen Klugheit? Die Wangen der Wei=
ber hingegen sind immer glatt; fein ist stets ihre
Stimme, weich ihre Haut, als ob sie sich einer
immerdaurenden Jugend versichert hätten. Was
wünschen sie sich in diesem Leben anders, als
den lieben Männern recht wohl zu gefallen? Die=
sen Endzwecke haben sie bey ihrem Aufputzen,
ihrem Schminken, ihrem Baden, ihrem Haar=
kräuseln, allen den Künsteleyen, durch die sie

ihre Gesichtszüge ordnen, ihr Liebäugeln, und so weiter. Wie! preisen sie sich denn wirklich den Männern durch irgend etwas nachdrücklicher an, als durch die Narrheit? Was ists, daß diese den Weibern nicht erlauben? und, haben sie dabey andere Absichten, als die Befriedigung ihrer bringenden Begierden? Wirklich finden sie ihr Vergnügen an nichts, als an der Narrheit. Man wird einsehen, daß diese Bemerkung sich ganz auf die Wahrheit gründe, sobald man bey sich überlegt, wie viele Thorheiten der Mann dem Weibe vorplaudere, welche Possen er treibe, so oft er sich vorgenommen hat, sein Vergnügen bey ihr zu bewirthen.

Ich habe die Quelle der ersten und vornehmsten Freuden des Lebens aufgedeckt. Ja, es fehlt an einigen nicht, die man eben so weibisch nicht nennen kann; es sind alte durstige Brüder, welche die höchste Wollust beym Weine finden. Ob sichs eine gute Mahlzeit thun lasse, wo Weiber davon ausgeschlossen sind, ist eine Frage, deren Entscheidung ich andern überlasse. Gewiß ist dieses: jedem Orte fehlt es am Gewürze, an Munterkeit, wo man der Narrheit den Eingang versperrt hat; wenn keiner der Gesellschafter ein wirklicher Narr ist, oder sich als einen Narren zu bezeigen das Geschick hat, so läßt man einen mit Gelde gedungenen Lustigmacher kommen, oder einen lächerlichen Schmarotzer, um durch seine lustigen, das ist, närrischen Schwänke das düstere Schweigen, oder die Traurigkeit, von der Tafel zu verbannen; denn, wozu würd' es dienen, mit so vielen Niedlichkeiten und Leckerbissen den Bauch zu beladen, wenn man nicht Augen, Ohren, und das ganze Gemüth bey Lachen, Scherzen, und artigen Einfällen gastierte?

Nun bin ich es, ich einzig, die verdient, die Erfinderinn solcher Tafelherrlichkeiten betitelt zu werden. Auch die übrigen feyerlichen Spiele solcher Gelage; zum Exempel, durch das Loos einen Tafelkönig wählen, das Würfelspiel, eine Gesundheit im Ringe herum trinken, ein Liedchen dabey anstimmen, mit einem Myrtenzweige in der Hand wechselweise singen, tanzen, springen, und so weiter. Das sind Dinge, die nicht von den sieben Weisen Griechenlandes erfunden worden, sondern von mir, da ich mir das Wohlseyn des menschlichen Geschlechtes angelegen seyn lasse. Je mehr Narrheit in solche Dinge gemischt ist, desto heilsamer sind sie für das Leben der Sterblichen, welches, wenn es traurig ist, den Namen des Lebens nicht verdient; und traurig muß es werden, wenn man es nicht vermittelst solcher heilsamen Gaukeleyen vor dem Ueberdrusse sicher stellt.

Vielleicht aber giebt es Leute, bey denen diese Art von Wollust keinen Werth hat, weil sie sich mit lieben Freunden und Bekannten begnügen. Die Freundschaft für sich schon (sagen sie) ist allem andern vorzuziehen; ist eben so unentbehrlich, als Luft, Feuer, Wasser, es immer seyn mögen; sie führt so viele Freuden bey sich, daß, sie verbannen, eben so viel wäre, als die Sonne verbannen; sie ist etwas so Tugendhaftes (man hätte ihr wohl ein besseres Lob beylegen können) daß selbst die Philosophen keinen Anstand finden, sie zum höchsten Gute zu rechnen. Wie aber, wenn ich zeigen könnte, daß es auch bey dieser herrlichen Sache alles auf mich ankomme? Wolan, ich will es thun; und zwar nicht durch krumme verfängliche Trugschlüsse, sondern so ehrlich=einfältig, daß jeder, der auch nur seiner Nase nachzugehen im Stande ist, die Sache mit Händen wird greifen können.

Aufgehorcht! Wenn man bey den Fehlern des Freundes die Augen schließt, sie nicht sehen will, sie liebenswürdig findet, etwann auch seine grossen Laster als liebenswürdige Tugenden herausstreicht: ist man da nicht auf dem geraden Wege zur Narrheit? Sehet doch diesen, der die Warze küßt, die seine Geliebte mit auf die Welt gebracht hat; jenen, der seines Mädchens ranzichten Athem balsamisch findet; dort den über die schielenden Augen seines Söhnchens entzückten Vater. Ists nicht pur=lautere Narrheit? Ja, man schreie so lange man will, daß es Narrheit sey: diese Narrheit einzig ist im Stande, Freund=

schaft zu stiften, und dauerhaft zu machen. Ich rede von den Sterblichen, von denen keiner ohne seine Fehler auf die Welt kömmt; wer die wenigsten hat, ist der beste. Wenn sich zu jenen weisen Philosophen, die sich Götter zu seyn träumen, je eine Freundschaft naht, so ists eine störrische und freudenlose; und auch dieser sind nur die wenigsten fähig; ich sage mit Fleisse nicht alle: der gröste Theil der Menschen spielt den Narren; ja, keinen wird man finden; der nicht auf vielerley Weise faselt; nun sind nur die, welche einander ähnlich sind, der vertrauten Freundschaft fähig.

Gesetzt es ereigne sich etwann unter diesen Sauertöpfen, daß einer dem andern sein Wohlwollen bezeige, so wirds doch von keiner langen Dauer seyn: kein Adler, kein Drache, ist so scharfsichtig, als sie es bey den Fehlern ihrer Freunde sind; die ihrigen können sie nicht sehen, denn die Schlauköpfe haben sie in den Sacke hinten auf ihren Schultern gelegt. Da nun kein Mensch so verständig ist, daß er nicht seine gros-

sen Fehler hätte; da sie an Jahren und Neigun=
gen so verschieden; solchem Straucheln, solchen
Ausschweifungen, solchen Zufällen des sterblichen
Lebens unterworfen sind: wie könnte die freudige
Freundschaft sich bey diesen spitzäugigen Ausspüh=
ren auch nur eine Stunde lang verweilen, wenn
sich nicht die gesittete und gutmuthige Narrheit
zugleich mit ihr einstellte? Und wie! ist nicht
Cupido der Urheber und Vater aller Vertranlich=
keit, starrblind, so daß er leicht das Häßliche für
das Schöne ergreift? Schämen Sie sich nicht,
meine Herren, die Wahrheit zu gestehen: hat
der lose Vogel nicht auch Sie so bethört, daß je=
der das Seine schön findet; daß der Kahlkopf in
sein Mütterchen, wie der Gelbschnabel in sein
Püpchen vernarrt ist? O aller Orten findet mans
so, und belacht es! aber gerade diese Lächerlich=
keiten sind das Kitt und die Bänder der herzer=
quickenden Gesellschaft.

Was von der Freundschaft gesagt worden,
das läßt sich noch füglicher vom Ehestande den=
ken, dem für Zeitlebens dauernden Freundschafts=

bande. O ihr unſterbliche Götter! wie würde nicht alles von Eheſcheidungen, oder auch noch ſchlimmern Dingen, aller Orten wimmeln, wenn nicht Schmeicheley, Scherz, gefälliger Leichtſinn, Irrung, Verſtellung, meine ganze Scharwache, den Hausfrieden zwiſchen Mann und Weib unterſtützten, und nährten? Zum Henker! wie dünne würden die Ehen geſäet werden, wenn der Herr Bräutigam klüglich nachſpührte, in was für Spiele ſein verſchlecket=ſchamhaft aber naſeweiſes Jüngferchen, ſchon lange vor dem hochzeitlichen Leben, ſich eingelaſſen habe? und wie manches ſchon geknüpfte Band würde zerreiſſen, wenn nicht (Dank ſey es der Nachläſſigkeit oder Tummheit des Herrn Gemahls!) vieles von dem Thun und Laſſen des lieben Weibchens verborgen bliebe?

Freylich ſchreibt man alles dieſes mit Rechte der Narrheit zu; dieſe aber betreibts inzwiſchen ſo, daß der Mann ſich des Weibes erfreut, das Weib des Mannes, und die Eintracht ſich im friedlichen Hauſe befeſtigt. Hahnrey, und was dergleichen Wörterchen mehr seyn mögen, ruft hier und da ein Hohnlacher; thut nicht das gute Weibchen wohl, daß sie darüber Thränen vergießt; und der gutherzige Hörnerträger, daß er in bester tröstender Laune sie ihr von den Wangen wegküßt? O wie weit seliger ist's, sich hier also irren, als im Taumel der Eifersucht sich selbst aufzehren, und ein Trauerspiel aller Orten verbreiten? Kurz, ohne mich kann keine Gesellschaft, keine Vertraulichkeit munter oder standhaft seyn; unerträglich wird der Fürst dem Volke, der Knecht dem Herrn, die Magd der Frau, der Schüler dem Lehrer, der Freund dem Freunde, die Frau dem Manne, der Verkäufer dem Käufer, ein Tischgefehrte dem andern, wenn sie nicht wechselweise irren, klüglich durch die Finger sehen, und sich mit tollen Honigwörterchen abspeisen. Ja, meine Herren, Sie halten was ich bisher gesagt, für wichtige Dinge; aber Geduld, Sie werden noch wichtigere hören!

Kann der jemanden lieben, der sich selbst haßt? der mit Andern einträchtig seyn, der sich selbst in den Haaren liegt? der jemanden Freude machen, der sich selbst zur Last und zum Ueberdrusse lebt? Niemand wirds behaupten, als der, welcher närrischer als die Narrheit ist. In Wahrheit, wo man mich auf die Strasse hinaussperrt, wird jeder dem andern unerträglich, stinkt sich selbst an, faßt Eckel ab allem dem seinigen, hat keinen verhaßtern Feind als sich selbst. Stiefmütterlich wühlt oft die Natur in den Köpfen der Sterblichen, sonderlich den besten, so daß ihnen das Ihrige mißfällt; und das Fremde bewundern sie; dann wird alles geschändet, geht alles zu Grunde, dadurch sonst das Leben bereichert, und geschmückt wird. Wozu nützt die Schönheit, das edelste Geschenck der unsterblichen Götter, wenn sie garstig befleckt wird? Wozu die Jugend, wenn des Alters gährender Gram sie angestecket hat? Was wirst du bey dem beglückteſten Leben zu Hause und draussen mit Anständigkeit thun (und auf diese kömmt hauptsächlich alles an) wenn dir nicht die sich selbst liebende Philautia, die ich billig als meine leibliche

Schwester verehre, mit ihrer Geschicklichkeit bey=
steht? O tapfer vertheidigt sie durchgehends mei=
ne Sache!

Nun, was kannst du närrischers thun, als
dir selbst gefallen? dich selbst bewundern? Was
schönes, holdes, einnehmendes, kannst du zu
Stande bringen, wenn du mißvergnügt mit dir
selbst bist? Wenn du dieses Gewürze des Lebens
wegschaffst, so steht der Redner mit seinem Ge=
wäsche frostig da; nur höhnisches Mitleiden er=
trillert sich der Tonkünstler; der sich müde erar=
beitende Schauspieler wird ausgepfiffen; zum
Gelächter wird der Dichter samt seinen Musen;
der Mahler erpinselt sich Verachtung; bey seinen
Lebenspillen hungert der Arzt sich zu Tode; wenn
du dich schön wie Nireus zu seyn dünkst, jugend=
lich wie Phaon, weise wie Minerva, so wird man
dich für garstig halten wie Thersites war, ver=
altet wie Nestor, tumm wie ein Schwein. Ja,
unumgänglich nöthig ists, daß jeder sich schmeich=
le, und sich selbst mit einem Beyfällchen an=
preise, wenn er sich bey andern in Gunst schwin=

gen will. Endlich, da die Glückseligkeit hauptsächlich darinn besteht, daß du wirklich nichts anders seyn willst, als was du bist, so hast du dich mit der Grundregel meiner Philautia bekannt zu machen, die also lautet: Niemand werde seines Looses überdrüssig, seines Witzes, seiner Abkunft, seines Vaterlandes, seiner Auferziehung. Der Irrländer wünsche sich nicht ein Italiäner zu seyn, der Thracier ein Athenienser, der Scythe ein Bürger des gesegneten Schlarafenlandes. Herrlicher Kunstgriff der Natur, der so verschiedene Dinge ins gleiche Gleis bringt! Wo sie bey ihrer Gabenaustheilung etwas kärglich zu Werke gegangen, läßt sie den Abgang durch die Philautia ersetzen. — nur den Abgang? — Ich rede wie eine wirkliche Närrin, sie theilt auf diese Weise ihr herrlichstes Geschenke mit.

Ich darf wohl sagen: ohne meinen Antrieb geschicht keine edle That; wo schöne Künste betrieben werden, preisen sie mich als ihre Erfinderinn. Muß man sich nicht an den Krieg wenden, wenn man belobte Heldenthaten in ihrem

Elemente finden möchte? Nun, was kann wohl närrischer seyn, als um einer Ursache willen, die man selbst nicht anzugeben weis, sich in einen Streit einlassen, bey dem man beiderseits mehr Böses als Gutes einzuerndten hat? Von dem, der da mit seiner Haut bezahlt, kräht kein Hahn nicht. Wenn die beyden Heere in Schlachtordnung gegen einander stehen, und die Hörner im frischern Tone zum Angriffe geblasen haben: wozu taugen dann jene Söhne der Weisheit, durch Nachgrüblen erschöpft, beym dünnen und kalten Geblüte kaum den Athem zu ziehen vermögend? Solcher ist man da benöthigt, derer Adern vom dicken und fetten Geblüte strotzen; desto kühner, um so viel unverständiger sie sind. Oder will man sich mit Fleisse einen Demosthenes zum Soldaten wählen? Kaum kam der Feind ihm ins Gesicht, so warf er, nach dem Rathe des Archilochus, herzhaft den Schild weg; unter dem Hasenpanier sah man den feigen Soldaten an dem weisen Redner.

Auf Klugheit, heißts, kömmt im Kriege vieles an. O ja, an einem Feldherren; aber auf eine kriegerische, nicht eine philosophische! Mit Schmarotzern, Hurenjägern, Straßenräubern, Meuchelmördern, Bauernklötzen, Tummköpfen, Bankerottierern, und dergleichen Abschaume des Menschengeschlechtes, nicht mit bey der Nachtlampe verrauchten Philosophen, werden solche herrlichen Ding erfochten. Sokrates, der nach dem eben nicht weisen Außspruche des Apollo einzige Weise, kann zum Gewährsmanne dienen. Er unterfieng sich, etwas, ich weis nicht was, öffentlich zu betreiben; und unter dem Hohngelächter der ganzen Versammlung schlich er sich vom Rednerstuhle weg. Und doch war der Mann nicht Narrs genug, sich mit dem Titel des Weisen zu brüsten; er gab ihn dem Gotte zurück; er hielt dafür, ein Weiser solle sich in die Verwaltung des gemeinen Wesens nicht mengen; nur hätte er noch hinzusetzen sollen: jeder, der seinen Platz in der Zunft der Menschen behaupten wolle, müsse sich der Weisheit enthalten. Anbey, hatte er es nicht blos der Weisheit zu verdanken, daß er verklagt worden; und sich den Schirlingsbecher wählen mußte? Ueber Wolken und Hirngespinste philosophierend, einen Flohfuß messend, das Mückensumsen bewundernd, vergaß er, Dinge zu erlernen, die zum gemeinen Leben unentbehrlich sind.

Zum Schutzredner seines sich in Lebensgefahr befindenden Lehrers wirft sich der Schüler Plato auf. Ein mannhafter Vertheidiger! weil ein Geräusch entsteht, verstummt er, ehe er von seinem ersten Satze die Hälfte herausgemartert hatte. Und was soll ich vom Theophrast sagen? Kaum hatte er eine Rede angefangen, so blieb er mit offenem Munde stehen, als ob ein Wolf ihm in die Quer gekommen wäre. Wie würde der Mann den Soldaten Muth zur Schlacht gemacht haben! Isokrates war zu furchtsam, als daß er es jemals gewagt hätte, den Mund aufzuthun. Cicero, der Vater der römischen Beredsamkeit, fieng seine Reden, gleich einem gluchsenden Schuljungen, mit einem unangenehmen Stammeln

Fabius ist so gut, daß er behauptet, daraus erkenne man einen verständigen die Gefahr einsehenden Redner; er hätte besser gethan, rund und ehrlich heraus zu sagen: zur schicklichen Betreibung öffentlicher Geschäfte tauge die Weisheit nicht. Was würden Leute, die vor Furcht halb todt sind, wenn sie sich blos in ein Wortgefecht einlassen sollen, da ausrichten, wo man die Sache mit dem Schwerdt ausfechten muß?

Nun gehe man, und erhebe den berühmten Ausspruch des Plato bis in den Himmel: „Beglückt wäre das Land, wo Philosophen herrschten, oder Beherrscher zu Philosophen würden." Wenn man die Geschichtschreiber zu Rathe zieht, so zeigt sichs, daß es nirgends schlimmer zugegangen, als wo die Herrschaft einem Philosophosten oder Buchgelehrten zu Theile geworden. Man kann sich hier kecklich auf die Catonen berufen: durch wahnsinnige Anklagen störte der Eine die Ruhe der Republik; und der Andere richtete die Freyheit derselben zu Grunde, indem er sie allzuweislich vertheidigte. Man denke sich hier

auch den Brutus, Cassius, die Gracchen, und
selbst den Cicero, welcher der römischen Republik
zu einer eben so schädlichen Pest ward, als De=
mosthenes der athenienfischen. Gesetzt, Marcus
Antoninus sey ein guter Kaiser gewesen; bin ich
deßwegen genöthigt, meinen Satz aufzugeben?
gewiß nicht: eben deßwegen, weil er ein Philo=
soph war, wird er seinen Unterthanen lästig und
verhaßt. Ja, gesetzt er sey für sich gut gewesen,
so fügte er doch durch Hinderlassung seines Soh=
nes dem Reiche einen weit grössern Schaden zu,
als er ihm durch seine Regierung nützlich gewesen.
Solche weisen Leute sind, wie in allen übrigen
Dingen, also besonders im Kinderzeugen, höchst
unglücklich; und dieses, wie mich deucht, hat
die Natur vorsichtig geordnet, damit diese Seuche
der Weisheit unter den Sterblichen nicht zu viel
um sich fasse. So wissen wir von dem Cicero,
daß er einen aus der Art geschlagenen Sohn ge=
habt hat; und von den Kindern des weisen So=
krates hat man die feine Anmerkung gemacht, sie
seyen der Mutter ähnlicher als dem Vater; das ist,

Es würde noch alles zu ertragen seyn, wenn diese Philosophen gleich zur Verwaltung der öffentlichen Geschäfte so ungeschickt wären, als der Esel zum Lautenschlagen; insofern sie nur nicht auch zur Betreibung der Angelegenheiten des gemeinen Lebens eben so schief befunden würden. Bitte einen Weisen zu Gaste; er wird durch ein düsteres Schweigen, oder durch ein lästiges Frägeln, die Freude der Gesellschaft stören. Fordere ihn zum Tanz auf; er wird so flink als ein Camel umher trampeln. Nimm ihn zu einem öffentlichen Schauspiele mit; sein Gesicht wird die Zuschauer ihres Vergnügens berauben; der weise Cato, der seine feyerliche Mine nicht ablegen will, wird genöthigt werden, die Bühne zu verlassen. Er kömmt in eine Gesellschaft, und alles verblaßt, als ob ein Wolf sich hätte sehen lassen. Wo es zu thun ist, um etwas zu kaufen, um einen Handel zu treffen, kurz, um etwas vorzunehmen, ohne welches man im gemeinen Leben nicht bestehen kann, da wird man diesen Weisen ehender für einen Klotz als für einen

Menschen ansehen. Also kann er sich, dem Vaterlande, den Seinigen, zu nichts dienen, weil die gemeinsten Dinge, Meynungen, Einrichtungen, ihm ganz spanische Dörfer sind.

Bey den Unternehmungen der Sterblichen ist alles voll Thorheit: Narren unterhalten sich mit Narren. Dem, der sich allen widersetzen will, möcht ich den Rath ertheilen, in die Fußstapfen Timons zu treten, in eine Einöde zu wandern, und sich da seiner Weisheit satt zu erfreuen.

Ich lenke wieder ein. Welche Macht hat stein = und eichenharte rohe Menschen ins gesellschaftliche Leben vereint? Die Schmeicheley. Sie wird durch die Leyer des Amphion und des Orpheus angedeutet. Was hat das römische Volk, da es unter sich aufs äusserste zerfallen war, wieder einträchtig gemacht? Wars eine philosophische Rede? nichts weniger: es war die lächerliche und kindische Fabel von dem Bauche und den übrigen Gliedern. Ein gleiches Wunder that Themistokles durch die Fabel von dem Fuchsen und dem Igel. Welche Rede eines Weisen

hätte so vieles vermocht, als jenes erdichtete
Rehe des Sertorius? als die beiden Hunde jenes
lacedämonischen Gesetzgebers? als die lächerliche
Erdichtung von den ausgeraufenen Haaren des
Pferdeschweifes? Um nichts von dem Minus zu
reden, und von dem Numa, welche den närri=
schen Pöbel durch fabelhafte Erfindungen nach
ihrem Willen lenkten: durch solche Possen läßt
sich dieses grosse und mächtige Thier, etwas auf=
binden.

Welche Stadt hat jemals die Gesetze und
Aussprüche eines Plato, Aristoteles, Sokrates,
angenommen? was hat die Decier beredet, sich
von freyen Stücken den unterirdischen Göttern auf=
zuopfern? was hat den Quintus Curtius in die
Grube gezogen? was anders, als die eitele
Ruhmsucht, eine sanft=lockende Sirene, die von
jenen Weisen so sehr verabscheuet wird? was kann
närrischer seyn, sprechen sie, als daß der, wel=
cher sich nun ein Amt bewirbt, im weissen Röck=
chen demüthig dem Pöbel schmeichelt? daß man
sich die Gunst desselben durch ein Korngeschenk

erkauft? dem Händeklatschen so vieler Narren nachjagt? im Zujauchzen desselben seine Wonne findet? im Triumphe sich von ihm gleich einer Bildsäule angaffen läßt? in Erzt gegossen auf dem Markte steht? andre Namen und Beynamen annimmt? einem menschlichen Taugenichts göttliche Ehre erweißt? mit öffentlichem Gepränge tyrannische Schandbuben in die Classe der Götter erhebt? O gewiß, Narrheit ist dieses, zu deren verdienten Belachung ein einziger Demokritus nicht zureichend wäre! Wer leugnet es? Und doch ists die Quelle grosser Heldenthaten, die von Rednern bis in den Himmel erhoben werden.

Narrheit zeugt Städte, Reiche, Obrigkeiten, Religionen, Raths = und Gerichtsversammlungen; und das menschliche Leben ist blos ein Narrenspiel. Wenn die Rede von Künsten und Wissenschaften ist: was hat die Menschen aufgemuntert, so herrliche Dinge (wie man sie dafür auszuposaunen pflegt) zu erfinnen, und auf die Nachwelt zu bringen? war es nicht die Ruhmsucht? In so vielen durchwachten Nächten,

unter so vielem Schweiſſe, haben ſie, die Erz=
narren, ſich, ich weis nicht, was für einen durch
und durch unnützen Ruhm ausgehecket. Indeſ=
ſen haben Sie, meine Herren, der Narrheit be=
reits ſo viele herrliche Bequemlichkeiten des Le=
bens zu verdanken; und, was dabey noch weit
das angenehmſte iſt, Sie machen ſich der Narr=
heit Anderer zu Nutzen.

Nachdem ich alſo das Lob meiner Stärke
und meines Fleiſſes befeſtigt habe, wird es ſchick=
lich ſeyn, daß ich auch meiner Klugheit das
gleiche Recht widerfahren laſſe. So willt du
dann (ruft mir, wie mich deucht, jemand entge=
gen) Feuer und Waſſer zuſammen paaren? Auch
dieſes hoff ich zu Stande zu bringen, wenn man
nur fortfahren wird, achtſam aufzuhorchen.

Iſts nicht Klugheit, wenn man ſich die
Dinge zu Nutzen macht? Nun, welches wird
wohl der kluge Mann ſeyn? der Weiſe? der zu
ſchamhaft oder zu furchtſam iſt, ſich an eine
Sache zu wagen; oder der Narr, den weder
Scham, die er nicht hat, noch Gefahr, die er

nicht erwägt, von irgend einer Unternehmung abschreckt? Der Weise nimmt seine Zuflucht zu verschimmelten Büchern, und füllt sich daraus den Kopf mit schalen Spitzfindigkeiten; der Narr, der sich hurtig an die Sache selbst macht, sammelt sich daraus, wenn ich mich nicht gröblich irre, ächte Klugheit. Es scheint auch Homer, so blind er war, habe dieses eingesehen, da er sagt: „Bey der That gelangt der Narr zur Einsicht." Wo es um Einsicht der Dinge zu thun ist, muß man zween Steine des Anstoßens ausweichen: die Schamhaftigkeit, die den Geist benebelt; und die Furcht, welche durch Vorspieglung der Gefahr, Unthätigkeit einpfropft. Großmüthig scheucht die Narrheit diese Popanzen weg. Wenige Sterbliche sehen es ein, wie bald der unverschämte Waghals sein Glück machen könne.

Gefällt Ihnen, meine Herren, jene Klugheit besser, die in Beurtheilung der Dinge besteht? Hören Sie doch einmal, welch eine selt=

same Sache es um diese Klugheit derer sey, die sie in ihrer Weisheitsbude feil bieten!

Erstlich ist bekannt, daß alle menschliche Dinge, gleich den Silenen des Alicibiades, von innen ein anderes Gesicht haben, als von aussen: man sieht den Tod, und findet das Leben; man sieht das Leben, und findet den Tod; das schöne ist häßlich, das reiche arm, das schändliche herrlich, das gelehrte ungelehrt, das starke schwach, das edle unedel, das fröliche traurig, das glückliche unglücklich, das freundliche unfreundlich, das heilsame schädlich; kurz, öffne den Silen, so wirst alles verkehrt finden. Rede ich aber nicht einigen zu philosophisch? Gut! ich wills ganz plump heraus sagen.

Einen König stellt man sich als einen reichen und mächtigen Herrn vor; wenn aber nichts Gutes in seiner Seele ist, und er sich an nichts sättigen kann, so ist er gewiß blutarm; und wenn er sich vielen Lastern ergeben hat, so ist er ein schnöder Sclave. Also ließ es sich über alles und jedes philosophiren; wir haben aber mehrere Beyspiele nicht nöthig.

Wozu soll alles dieses dienen? — Man hör es! Wenn jemand sich unterstünde, den Schauspielern ihre Larven wegzunehmen, und den Zuschauern die wahren und natürlichen Gesichter zu zeigen: würde dieser Unbesonnene nicht das ganze Spiel verderben? würde er nicht verdienen, daß man ihn als einen Rasenden mit Steinen von der Bühne wegtreibe? Indessen würde sich alles in einer neuen Gestalt gezeigt haben: das Weib als einen Mann, der Jüngling als einen Greisen, der König als einen Bettler, Jupiter als ein Menschengesicht. Wenn man den Irrthum wegnimmt, so setzt man alles in Verwirrung; die Verstellung muß die Augen der Zuschauer bezaubern. Nun, was ist das ganze Leben der Sterblichen anders als eine Comödie? Jeder spielt seine Rolle, eine ganz andere Person vorstellend, als er eigentlich ist, bis er von der Bühne abtreten muß; und etwann zeigt sich der nämliche Schauspieler in verschiedener Tracht: als König saß er

auf dem Thron; und nachwerts tritt er im zer=
lumpten Sclavenkittel auf. Ja, dieses ist alles
nur Schattenwerk: aber, spielt sich dann die
grosse Comödie des Lebens auf eine andere Weise?

Ich stelle mir vor: ein wie vom Himmel ge=
fallener Weiser trete plötzlich auf, und schreie:
der, den man als einen grossen Herrn halbgött=
lich verehre, sey nicht einmal ein Mensch, weil
er sich viehisch durch seine Lüste leiten lasse; er
sey nichts als ein verachtungswürdiger Sclave,
weil er sich freywillig so vielen und so schändlichen
Herren als einen Knecht dargebe. Er sieht je=
manden, der über das Absterben seines Vaters
weinet, und heißt ihn lachen, weil sein Vater
endlich zu leben angefangen habe, da dieses ge=
genwärtige Leben nichts als ein Tod sey. Er
begegnet einem Junker, der sich seiner edlen Ab=
kunft rühmt, und betitelt ihn einen ehrlosen Ban=
kert, weil er weit von dem Pfade der Tugend
gewichen, der einigen Quelle des Adels. Auf
gleichen Schlag behandelt mein Weiser jeden,
der ihm aufstößt. Aber was erbeutet er anders,

als daß man ihn gleich einem zum Tollhause reifen Rasenden ansieht?

Nichts ist närrischer, als eine zur Unzeit anzeit angebrachte Weisheit; nichts unkluger, als eine verkehrte Klugheit. Der beträgt sich schief, der sich nicht nach der gegenwärtigen Lage der Dinge einrichtet; nicht auf den Marktpreis achtet; sich nicht des Tischgesetzes erinnert: „Thue Bescheid, oder packe dich;" nicht will, daß das Spiel ein Spiel sey. Der Kluge hingegen denket: da ich ein sterblicher Mensch bin, so will ich mich nicht bestreben, übermenschlich weise zu seyn; ich will mich gern nach andern Leuten einrichten, und auch etwann aus Höflichkeit einen Weg mit ihnen gehen, den ich sonst für mich nicht gehen würde. Ist eben dieses nicht Narrheit? O ja, ihr weisen Männer! doch solltet ihr mir dagegen eingestehen, dieses heisse: seine Rolle in der Welt spielen.

Uebrigens — o ihr unsterbliche Götter, soll ich reden? soll ich schweigen? Warum sollt ich es nicht frey heraus sagen, da es die pur=lautere

Wahrheit ist? Vielleicht aber ists das beste, daß ich bey einer so wichtigen Sache die Musen von ihrem Helikon hinunterrufe, sie, die von den Dichtern oft um einer Schnakerey willen herabgeranzt werden. So stehet mir denn für eine Weile bey, ihr Töchter Jupiters, bis ichs bewiesen habe, jene glänzende Weisheit, die hochberühmte Burg der Glückseligkeit, werde nur denen aufgeschlossen, die sich ihr unter dem Schutze der Narrheit näheren.

Erstlich ist es eine ausgemachte Sache, daß alle Leidenschaften sich unter der Botmäßigkeit der Narrheit befinden; denn der Unterschied zwischen einem Narren und einem Weisen, ist dieser: jener richtet sich nach den Leidenschaften, dieser nach der Vernunft. Daher schaffen die Stoiker alle Beunruhigungen, als so viele Seuchen, aus ihrem Weisen weg; und doch (sagen die Peripatetiker) vertreten diese Leidenschaften die Stelle der Pädabogen bey denen, die sich Mühe geben, in den Port der Weisheit einzulaufen; ja sie dienen bey allen Tugendpflichten zu Sporen und

Peitschen, dadurch wir zum rechtschaffenen Betragen angetrieben werden. Doch wendet hier Seneca, der Erzstoiker, so vieles ein, als er immer auftreiben kann, um den Weisen von jeder Leidenschaft loszuhalftern. Indem er aber dieses thut, rottet er den ganzen Menschen aus, den er zu einer Art einer Gottheit umschaft, die nie gewesen ist, und nie seyn wird; oder, damit ichs noch deutlicher sage, er meisselt ihn zu einem marmornen Menschenbilde, tumm, ohne Menschenverstand. O immer, ich mag es von Herzen wohl leiden; mögen sich solche Künstler ihres Weisen unbeneidet erfreuen, und mit ihm Platons Stadt, oder das Gebiet der Ideen, oder des Tantalus Gärten bewohnen!

Wer eilt nicht schauernd von einem solchen Menschen weg, wie von einem Ungeheuer, einem Gespenste! Alle Sinne der Natur sind nicht im Stande, einen Eindruck in ihn zu machen; er ist ohne Leidenschaften; für die Liebe, das Mitleiden, ist er so unempfindlich, als ein Kieselstein, als ein Felsenstück; nichts entgeht ihm;

nirgends schießt er fehl; mit Luchsenaugen durch=
schaut er alles; nach Richtschnur und Bleywaag
beurtheilt er alles auf das pünktlichste; für nichts
hat er Nachsicht; mit nichts ist er zufrieden, als
mit sich; er allein ist reich, gesund, ein König,
frey; er allein ist alles, aber auch blos nach sei=
nem allerliebsten Urtheile; er, der keinen Freund
begehrt, hat auch keinen; er macht sich kein Be=
denken, die Götter selbst zum Henker zu schicken;
er, der alles, was in der Welt vorgeht, als
Wahnsinn verdammt, und verlacht.

Nun, ein solches Thier ist der, den man
uns als das Meisterstück der Weisheit anpreist.
Wenn es auf die Wahrheit der Stimmen ankäme,
welche Stadt würd ihn zu ihrem Bürgermeister
wählen? welches Kriegsheer würde sich ihn zum
Feldherrn wünschen? welcher Frau würd ein sol=
cher Mann, welchem Wirth ein solcher Gast,
welchem Bedienten ein solcher Herr, erträglich
seyn? Man würde lieber mitten aus dem närrisch=
sten Pöbel einen Narren wählen, um Narren
zu befehlen, das ist den meisten; sein Weib würd

an ihm einen gefälligen Mann finden; seine Freunde würden sich seiner erfreuen; er würd einem Tische Ehre machen; die Gesellschaft würd ihm das Lob beylegen: er führe sich durchgehends als Mensch auf. Aber schon lange fühl ich einen Ekel, so viele Worte an Weisen Leuten zu verlieren. Ich sehe mich nach andern Gegenständen um.

Bilden Sie sich ein, meine Herren, daß Sie auf jener Hochwarte stehen, auf welche die Dichter den Jupiter hingepflanzt haben. Sehen Sie allen den Jammer, mit dem sich des Menschenleben zu erkämpfen hat. Elend, garstig, steht es um seine Geburt; um die Auferziehung ists Holzhackersarbeit; tausenderley Gefahren belagern seine Kindheit; durch die jugendlichen Jahre muß er sich hindurchschwitzen; ihn beugt die Last des Alters; und der Tod ist ihm ein verdrüßlicher Bothe. Mit ganzen Heeren von Krankheiten ist er umgeben; unzählbaren Zufällen ist er blosgesetzt; Wldrigkeiten von allen Arten; bald alles, das er genießt, ist mit Galle verdorken. Ich möchte nicht einmal von dem vielen Uebel reden, das die Menschen sich einander selbst zuziehen: Armuth, Gefängniß, Schande, Schmach, Streithändel, Betrügereyen. O lieber wollt ich die Sandkörner am Meere zählen!

Durch welche Verbrechen haben die Menschen sich solche Strafen zugezogen? welcher Gott hat sie in seinem Zorne verdammt, unter solchen Jammer gebohren zu werden? Nein, meine Herren, noch ist es mir nicht verstattet, Ihnen hierüber Nachricht zu ertheilen. Wer aber diese Dinge genau durchdenkt, wird er nicht dem erbarmungswürdigen Entschlusse der Milesischen Töchter seinen Beyfall gewähren? Welches aber sind die berühmtesten von denen, die, ihres Lebens überdrüssig, dem Tod entgegengeeilt sind? Waren es nicht die Benachbarten der Weisheit? Unter diesen (um jetzt eines Diogenes, Xenokrates, Cato, Cassius, Brutus, nicht zu gedenken) war jener Chiron, dem die Wahl gegeben worden, unsterblich zu seyn, und der den Tod wählte.

Man sieht leicht, was daraus entstehen würde, wenn alle Menschen Weise wären: man würde sich um neuen Lehmen, und um einen andern töpferischen Prometheus, umsehen müssen. Ich aber, die ich mich schicklich der Unwissenheit oder Unbedachtsamkeit der Menschen zu bedienen weis, etwann sie das Uebel vergessen mache, Hoffnung auf Gutes einstreue, oder auch etwas von süsser Wollust einmische, komme diesem grossen Unfuge zu Hülfe; so daß die Leute auch dennoch nicht das Leben müde sind, wenn die Parcen bereits abgesponnen haben, und das Leben seit langem mit dem Abschiednehmen den Anfang gemacht hat; je weniger Ursache sie haben, im Leben zu bleiben, desto tiefer sind sie in das Leben verliebt; desto weiter entfernt, seiner überdrüssig zu werden.

Mir hat man es zu verdanken, daß man hin und wieder Greisen sieht, alt wie Nestor, die zwar bald nicht mehr Menschen gleich sehen, stammeln, aberwitzig sind, grau, zahn=haar= los, gebücket, runzlicht, stinkend, lendenlahm, aber sich des Lebens doch so sehr freuen; noch so kindisch tändeln, daß der Eine sein graues Haarnest schwarz färbt, und der Andere seine Glatze unter falsches Haar versteckt; dieser sich solcher Zähne bedient, die er einem seiner Anverwandten aus dem Schweinstalle abgeborgt hat; jener in ein Mädchen so jämmerlich verliebt ist, daß kein junger Laffe den Narren so weit treiben könnte. Daß ein Steinalter, der an der Grube herumkriecht, und zur Todtenbaar vorbereitet ist, ein junges Töchterchen, das blutarm ist, und Andern zu Diensten stehen wird, zur Ehe nehme, ist etwas so wenig ungewöhnliches, daß es zur rühmlichen Mode geworden.

Noch herzbrechender ists, wenn man ein altes Mütterchen sieht, die schon lange dem Tod entgegengelebt hat, und so geripphaft aussieht, daß man meynen sollte, sie komme gerad aus dem Reiche der Todten zurück, aber das Lob des Lebens noch immer herausstreicht, und einen armen Phaon reichlich bezahlt, um ihr durch seine geheimen Künste die Lebensliebe fleißig einzupropfen: an Schminke läßt sies nicht fehlen, ihr Gesicht zu verstecken; vom Spiegel ist sie nicht wegzubringen; sie erarbeitet sich, was an ihrem Leibe das Alter verräth, bestmöglichst auszureuten; da steht sie leider im allzutief ausgeschnittenen Wamste; in ein verliebtes Liedchen brummt ihr kollernde Stimme; da sitzt sie beym Gesundheittrinken; mischt sich unter die tanzenden Reigen der Mächden; krazet Liebesbriefe. Freylich rufen die lachenden Spötter, hier die Wahrheit, daß es alles erznärrisch sey; aber inzwischen gefällt sie sich selbst, schwimmt in einem Wollustmeere, und, Dank hat sie mir, ist beglückt.

Ja freylich, lächerlich machen sich diese Leute. Ihr aber, die ihr diese weise Anmerkung ausgebrütet habt, überleget es reiflich: ists nicht besser, bey einer solchen Narrheit wonnevoll leben, als verzweiflungsvoll sich nach einem Balken, Nagel, und Strick umsehen? Daß der Pöbel dergleichen Dinge für schändlich halte, das macht meinen Narren keinen Kummer: sie fühlen dieses Uebel nicht; oder, wenn sie es fühlen, so ach=

ten sie es wenig. Wenn ein Stein ihnen auf den Kopf fiele, ja, dann würden sie das Uebel fühlen; aber Scham, Schande, Schimpf, Schmähungen, sind nur da schädlich, wo man sie als schädlich ansieht; Fühllosigkeit setzt über das Uebel hinaus. Wenn gleich das ganze Volk dich auszischt, so bleibst du doch unverletzt, so lange du dir selbst Beyfall zuklatschest; und diese Kunst lernt sich blos in der Schule der Narrheit. Eben dieses (krächzen mir Philosophen entgegen) ist ein Elend, wenn man in den Stricken der Narrheit als ein Tummkopf umherirrt. O nein, eben das heißt, ein Mensch seyn; und anbey, was plaudert ihr hier vom Elendseyn; seyd ihr nicht selbst gerade so gebohren, unterrichtet, auferzogen? ists nicht das gemeine Loos allen Menschen?

Nichts ist elend, das sich in seinem natürlichen Zustande befindet; sonst müßte man das Loos des Menschen beweinen, der nicht mit den Vögeln fliegen, nicht mit dem übrigen Viehe auf vier Füssen laufen, sich nicht mit den Hörnern ochsenmäßig vertheidigen kann. Mit gleichem Rechte müßte man das schönste Pferd unglücklich nennen, weil es nicht in der Grammatik unterrichtet worden, und man es nicht mit Pasteten bewirthet; elend würd es um den Ochsen stehen, weil er nicht auf den Fechtboden gegangen ist. Wie demnach das ungrammatikalische Pferd nicht unglücklich ist, so ists auch der närrische Mensch nicht: beide befinden sich ja in ihrem natürlichen Zustande.

Der Mensch (erwiedern die verdrehten Feinschwätzer) hat das besondere Vorrecht, sich in Wissenschaften umzusehen, und vermittelst derselben kann er durch Scharfsinn das erlangen, das die Natur ihm versagt hat. O wo bleibt die Wahrscheinlichkeit? Die Natur, die bey Mücken, beym Grase, bey Blumen, so wachsam war, schlummerte gewiß, da die Reihe an den Menschen kam, nicht so ein, daß sie jene Wissenschaft hätte zu Hülfe rufen müssen, die Theut, der dem Menschengeschlechte so abholde Genius, zum Verderben derselben ausgesonnen hat, indem sie nicht nur zur Glückseligkeit des Menschen nichts beytragen, sondern derselben sogar sehr hinderlich sind; wie beym Plato der scharfsichtige König Thamus, in Absicht auf die Erfindung der Buchstaben, sehr richtig bemerkt hat.

Wissenschaften schlichen sich gleich den übrigen ansteckenden Seuchen des menschlichen Lebens in der Welt ein; sie hatten eben die Erfindung, von denen alle Schandthaten herkommen, nämlich die Dämonen, das ist, Vielwisser. Die Menschen lebten in den ersten goldenen Zeiten ohne Wissenschaften, und folgten blos dem Naturtrieb. Wozu hätte die Grammatik dienen sollen, da man nur eine Sprache redte, und dabey keinen andern Zweck hatte, als einander zu verstehen? Unnütz waren die Redner, weil niemand den Andern vor Gerichte zog. Gesetzverständige würden müssige Leute da gewesen seyn, wo man nichts von Sittenverderbniß wußte, dieser Quelle guter Gesetze. Zu fromm war man, als daß man, mit ruchloser Neugier, den Geheimnissen der Natur, dem Maaße, den Bewegungen, und den Wirkungen der Gestirne, und den verborgenen Ursachen der Dinge, nachgespuhrt hätte; man würd es für ein strafwürdiges Verbrechen gehalten haben, wenn ein sterblicher Mensch über seine Gränze hinaus nach Weisheit gefrefelt hätte; nachzuforschen, was sich über dem Himmel hinausbefinde — o ein solcher Wahnsinn wäre damals niemanden zu Sinne gekommen!

Nach und nach verlohr sich die Reinigkeit des goldenen Zeitalters. Schadenfrohe Geister (wie gesagt) erfanden Künste, wenige noch, und von wenigen angenommen. Der Aberglaube der Chaldäer, und der Griechen schwindlichter Leichtsinn, erfanden nachwärts eine Menge ächte Geistesplagen; schon die Grammatik für sich wäre zureichend, den Menschen sein ganzes Leben hindurch auf der Folterbank zu martern. Unter diesen Künsten und Wissenschaften hält man die für die schätzbarsten, die mit dem gemeinen Menschenverstande, das ist, mit der Narrheit, am besten übereinstimmen. Die Theologen fref=

sen sich vor Hunger Nägel weg; die halberfrohrnen Naturforscher hauchen sich in die Finger; über Astrologen lacht man; Vernunftlehrer läßt man nach dem Winde haschen; aber vor dem Arzte sieht man alles die Segel streichen; je ungelehrter, verwägener, unbedachtsamer er ist, desto höher ist er bey Fürsten und reichen Leuten angeschrieben. Die Arzeneykunst, wie sie heut zu Tage von vielen getrieben wird, ist geschwätzige Fuchsschwänzerey.

Nach diesen kommen die Gesetzkünstler. Vielleicht hätte ich ihnen den ersten Platz einräumen sollen. Sie betreiben, wenn man doch der ganzen Zunft der höhnischen Philosophen Glauben zustellen will (denn in den Handel möcht ich mich nicht mengen) einen Eselsberuf. Und doch richtet sich alles, grosses und kleines, nach dem Gutdünken dieser Esel; ihnen fallen grosse Landgüter zu, alldieweil der Theolog, der alle Schränke der Gottesgelehrtheit durchstänkert hat, an harten Bohnen sich müde beißt, und sich mit Wanzen und Läusen erfechten muß.

Ja, je näher eine Kunst mit der Narrheit in Verwandschaft steht, desto mehr hat man sich von ihr zu versprechen. Die Beglücktesten sind also die, denen es vergönnet ist, mit keiner der Wissenschaften Verkehr zu haben, und blos der Natur zu folgen, die nie auf Abwege verleitet, so lange man nicht die Schranken, die den Sterblichen gesetzt sind, überspringen will. Die Natur verabscheut jede Schminke; lustig wächst das hervor, das durch keine Kunst verdorben worden.

Sehen Sie nicht, meine Herren, daß es um alle übrigen Thiere herrlich steht, die von Wissenschaften keinen Begriff, und blos die Natur zur Hofmeisterinn haben? Was ist glücklicher, wunderbarer, als die Bienen? Bey wenigen körperlichen Sinnen erweisen sie sich als unvergleichliche Baumeister; noch kein Philosoph hat gleich ihnen eine Republik errichtet. Das Pferd, dessen Sinne etwas Gemeines mit den menschlichen haben, und das sich verleiten ließ, zum Hausgenossen des Menschen zu werden, mußte

Antheil an den menschlichen Jammer nehmen: denn nicht selten, wenn es sich in dem Weltlaufe schämt, überwunden zu werden, läuft es sich bauchschlägig aus dem Athem; und wenn es sich in der Schlacht um den Triumph erkämpft, wird es durchbohrt, und muß mit samt dem Reuter in den Staub beissen. Und noch hab ich nichts von rauchen Gebißen und Zähnen gesagt, scharfen Sporen, Stallkerker, Peitschen, Banden, Halftern, schwerem Reuter, kurz, allen den jämmerlichen Folgen der Knechtschaft, denen es sich von freyen Stücken überließ, weil es heldensüchtig (grossen Kriegern nachahmend) dieses für das beste (aber freylich hoch zu stehen gekommene) Mittel hielt, den Hirschen, welchen es nicht leiden konnte, von der Weide zu treiben. O wie weit glücklicher ist das Leben der Mücken und Vögel, die dem blosen Naturtriebe folgen, und nichts als die menschliche Arglist zu fürchten haben! Wenn die Vögel eingebauret, sich von Menschen im Pfeifen und Schwatzen unterrichten lassen, o wie bald ist nicht ihre natürliche Munterkeit entartet! In allwege wird das Werk der Natur durch die Schminke der Kunst geschändet.

Alles mein Lob übersteigt jener pythagorische Hahn. Er war alles: Philosoph, Mann, Weib, König, Unterthan, Fisch, Pferd, Frosch, und wie ich glaube, sogar auch Pfifferling; nach seinem Ausspruche ist der Mensch das elendeste unter allen Thieren, weil er allein (da alle übrigen mit den Schranken, darein die Natur sie gesetzt hat, herrlich zufrieden sind) sich inner seinen Gränzen nicht halten will; auch zieht er unter den Menschen einen Tummkopf dem Gelehrten und Mächtigen weit vor. Auch Gryllus war ungemein viel weiser, als der verschmitzte Ulysses, weil er lieber im Stalle grunzen, als mit diesem, ich weis nicht, wie manches gefährliche Abentheuer aufsuchen wollte. In dieser Meynung scheint mir auch Homer gewesen zu seyn, der Vater schnakichter Fabeln: oft nennt er die Menschen überhaupt arbeitselige Tropfen; und besonders betitelt er den Ulisses, den er als ein Muster eines weisen Mannes aufstellt, den Elen=

den und Unglücklichen; Titel, mit welchen er nie einen Paris, Ajax, Achilles, beehrt. Und warum? weil jener Krübler sich in allem nach dem Rathe der Pallas richtete, und zu weise war, sich vom Naturweg zu weit entfernend.

Ja, unter den Sterblichen weichen keine von der Glückseligkeit weiter ab, als die, welche sich mit der Weisheit abgeben: zu Menschen sind sie gebohren, die Tollköpfe vergessen aber ihres Standes; wollen gleich den unsterblichen Göttern leben; kündigen, nach dem Beyspiele der Himmelsstürmer, mit Wissenschaftswaffen versehen, der Natur den Krieg an. Hingegen wird wohl das Elend derer das kleinste seyn, die an Gesinnung und Narrheit den Thieren am nächsten kommen, und sich an nichts wagen, das dem Menschen zu schwer seyn muß. Wir wollen doch sehen, ob wir dieses nicht, ohne stoische Künsteley, in einem handgreiflichen Beyspiele, an den Tag legen können. Nun (ich nehme hierüber die unsterblichen Götter zu Schledsrichtern) kann was glücklichers seyn, als der Zu=

stand jener, die man Schalksnarren nennet, Stocknarren, hirnlose Krautsköpfe, oder was dergleichen Beynahmen sonst seyn mögen, die ich für die schönsten Ehrentitel erkenne? Ich will etwas sagen, das dem ersten Anschein nach närrisch und abgeschmackt ist, sich aber als die Wahrheit selbst anpreist.

Meine gepriesenen Helden wissen erstlich nichts von Todesfurcht, einer Sache, die (beym Jupiter will ichs beschwören) kein kleines Uebel ist. Sie wissen nichts von der Folterbande des Gewissens. Die Fabeln von Erscheinung unterirdischer Geister jagen ihnen keinen Schrecken ein. Sie fürchten sich nicht vor Gespenstern und Poldergeistern. Weder kommendes Unglück, noch zauderndes Glück, macht ihnen den Kopf toll. Kurz, tausenderley Sorgen, denen dieses Leben blosgesetzt ist, nagen nicht an ihrem Herzen. Scham, Scheu, Ehrsucht, Neid, Liebe, machen keinen Eindruck auf sie. Selbst die Theologen werden sagen, je näher man dem Universtande vernunftloser Thiere komme, desto weniger sündige man.

Nun erwäg es einmal bey dir selbst, närrischer Weiser! mit tausenderley Geistesgrame marterst du dich Tag und Nacht; trag alle Beschwerden deines Lebens wie in einen Haufen zusammen; sieh dann, wie von manchem Uebel ich meine Dummköpfe sicher gestellt habe. Immer sind sie fröhlich; spielen, singen, lachen; wo sie hinkommen, theilen sie jedermann Wonne mit; alles scherzt, spielt, lacht mit ihnen. Ists nicht gerade so, als ob die huldreichen Götter sie aus keiner andern Ursache in die Welt gesetzt hätten, als um das Düstere des menschlichen Lebens aufzuhellen? der Schwermuth zum Gegengifte zu dienen? Sie (da sonst jeder nur gewisse Leute begünstigt) erwerben sich jedermanns Zuneigung; allerorten werden sie gesucht, gespeiset; man schmeichelt ihnen; eilt ihnen, wenn sie sich in Gefahr befinden, zu Hülfe; ungestraft läßt man sie alles sagen und thun; niemand trachtet ihnen zu schaden; selbst die Thiere, wie ihre Unschuld fühlend, gehen ihnen aus dem Wege. Sie sind wie den Göttern geheiligt, und besonders mir; mit Recht also hält jedermann sie in Ehren.

Fürsten und Königen sind sie vorzüglich lieb und werth; so, daß einige derselben ohne sie nicht essen, nirgends hingehen, nicht eine Stunde ausdauern können; ja sie ziehen sie ihren Weisen und sauern Räthen, derer sie doch auch einige Ehrenthalben mit Speise und Lohn versehen, weit vor. Und warum thun sie es? Die Ursache ist leicht gefunden, und eben so wunderbar nicht: diese Weisen tischen den Fürsten nur traurige Dinge auf; sich auf ihre Gelehrtheit verlassend, scheuen sie sich etwann nicht, zarte Ohren mit der beissenden Wahrheit zu martern; die Narren hingegen bringen anders nichts zu Markte, als Dinge, dadurch die Fürsten sich weit sicherer als durch irgend was anders das Herz abstehlen lassen: Scherz, Schwänke, die das wonnevollste Lachen zeugen.

Man bemerke auch diese grosse Gabe der Narren: nur durch sie hört man die pur lautere

Wahrheit. Nun, was ist lobenswürdiger, als die Wahrheit? Wenn man dem Alcibiades beym Plato glauben will, so reden Wein und Kinder die Wahrheit; wirklich aber gehört dieses Lob mir ganz zu. Euripides sah es wohl ein, da er sagte, Narren reden närrisch. Was der Narr im Herzen hat, kann man auf seinem Gesichte lesen, und in seinen Reden hören. Die Weisen hingegen haben zwo Zungen (wie eben dieser Euripides bemerkt) mit der einen reden sie die Wahrheit, und mit der andern so, wie es Zeit und Umstände erheischen; das schwarze machen sie weiß; aus demselben Munde kömmt kalt und warm; und sie reden nicht frey von der Brust weg.

Fürsten mögen auch noch so glücklich seyn, so halt ich sie doch darinn für höchst unglücklich, daß sie niemanden haben, von dem sie die Wahrheit hören könnten, und gezwungen sind, sich Schmeichler statt Freunden zu wählen. Aber (heißt es etwann) den Ohren der Fürsten eckelt von der Wahrheit; deßwegen scheuchen sie jene

Weisen von sich weg; sie fürchten, ein Freymaul möcht auftreten, um ihnen ihre Freuden durch die bittere Wahrheit zu verderben. O ja, so verhält sich die Sache; Könige mögen die Wahrheit nicht wohl leiden. Aber, hierüber thun meine Narren sich hervor: aus ihrem Munde hört man nicht nur die Wahrheit, sondern sogar auch die offenbarsten Schmähungen, mit Vergnügen an; Dinge, die dem Weisen, wenn er sie hervorgebracht hätte, den Hals würden gebrochen haben. O um die Wahrheit ist es etwas vortrefliches! sie belustigt, wenn nichts Beleidigendes eingemischt ist: aber das ist auch eine Gabe, die von den Göttern nur den Narren zugetheilt worden.

Weiber, die von der Natur einen Hang zum Vergnügen und zu lustigen Zeitvertreiben haben, pflegen sich, bald aus den nämlichen Ursachen, an diese Art von Menschen zu halten. O wer kann alles wissen, was sie mit denselben für Possen treiben; oder wie allzuernsthaft es zuweilen dabey zugeht! Nein, nein, alles ist nur Scherz, nur Spiel gewesen. Ja, das schöne Geschlecht versteht die Kunst aus dem Grunde, jeden Schritt und Tritt auf das sinnreichste zu beschönen.

Wir kommen wieder auf die Glückseligkeit der Narren. Nachdem sie ihr Leben fröhlich durchgebracht haben, ohne Furcht und Gefühl des Todes, wandern sie gerades Wegs nach den elysischen Feldern, um ihre frommen und sorgenlosen Seelen an den Zeitvertreiben derselben Theil nehmen zu lassen.

Kommen Sie nun, meine Herren, um das Loos eines Weisen, welchen Sie immer wollen, mit dem Loose dieses Narren zu vergleichen. Stellen sie sich ein rechtes Muster der Weisheit vor, einen Menschen, der seine Knaben= und Jünglingsjahre bey Erlernung der Wissenschaften durchgebracht, und den holdesten Theil des Lebens an schlaflose Nächte, Sorgen und Schweiß verschwendet hat; auch sein ganzes übriges Leben hindurch erlaubt er sich nicht, einen Bissen von Wollust zu kosten; immer ist er filzig, arm, traurig, störrisch, feindselig und hart gegen sich, andern verhaßt und unerträglich, blaß, mager, kränklend, triefäugig, abgemärkelt, vor der Zeit grau, und aus diesem Leben wegeilend. Doch was liegt daran, wann ein solcher sterbe, der eigentlich nie gelebt hat? Wie gefällt Ihnen, meine Herren, dieses Bild des Weisen? verdient er nicht, daß man sich sterblich in ihn verliebe?

Schon betäubt mich wieder das Widerbefzen des stoischen Froschengequäkes. „Wahnsinnig seyn (schreien sie) ist ja das elendeste Ding von der Welt; nun kömmt die wirkliche Narrheit dem Wahnsinne sehr nahe, wenn sie je nicht der Wahnsinn selbst ist; denn was heißt Wahnsinnig seyn anders, als, nicht bey Verstande seyn?" Aber, dieses heißt wohl recht fehlgeschossen. Dieses Schlußgeplauder wollen wir, unter dem Beystande der Musen, bald verdunstet sehen. Haben die Mückenfänger nie gelesen, wie Sokrates beym Plato zwischen Venus und Venus, und zwischen Cupido und Cupido, einen Unterschied macht? also hätten auch sie Wahnsinn von Wahnsinn unterschieden, wenn es ihnen darum zu thun wäre, nicht selbst für wahnsinnig gehalten zu werden. Nicht jeder Wahnsinn ist etwas schädliches und schimpfliches; sonst würde Horaz nicht von einem liebenswürdigen reden; Plato hätte nicht die Wuth der Dichter, der Wahrsager, und der Verliebten, zu dem gerechnet, das zum Wohlseyn des menschlichen Lebens das meiste beyträgt; und jene Wahrsagerinn beym Virgil scheut sich nicht, dem arbeitsamen Aeneas einen gewissen wahnsinnigen Fleiß zuzuschreiben.

Es giebt also zwo Arten des Wahnsinnes: die Eine kömmt aus der Hölle von den grausamstrafenden Furien; sie senden etwann ihre Schlangenbrut, den wütenden Kriegsdurst, die unersättliche Goldbegierde, die verruchteste und abscheulichste Lüsternheit, Vatermord, Blutschande, oder irgend eine Pest von dieser Art, in die Brust der Sterblichen, wenn sie das sich einer Verschuldung bewußte Gemüth mit ihren Schrecknissen martern wollen. Die andere Art des Wahnsinns ist von einer ganz verschiedenen Natur; sie kömmt von mir, und für die Menschen könnte nichts wünschenswürdiger seyn. Dieses ereignet sich, wenn ein gewisser glücklicher Irrthum des Verstandes das Gemüth von ängstlichen Sorgen befreyt, und es mit vielerley Wollust segnet. Cicero schrieb an den Atticus, er wünsche sich von den Göttern eine solche Verstandslosigkeit, und würde sie als ein grosses Geschenke ansehen, weil er dann bey allen seinen Verdrüßlichkeiten fühllos seyn würde.

Jener Argiver befand sich dabey sehr wohl. In seinem Wahnsinne saß er ganze Tage hindurch einzig auf dem Schauplatze, lachte, klatschte Beyfall, war ganz Freude, in dem Wahne, er sehe die Vorstellung eines herrlichen Schauspiels; und es war doch alles nichts an der Sache; alle übrigen Lebenspflichten befolgt er auf das beste; „fröhlich war er bey seinen Freunden, die ihn liebten; artig betrug er sich gegen seine Frau: seinen Knechten konnt er durch die Finger sehen, und er überließ sich dem Zorne nicht, wenn gleich einer derselben sich an einer Flasche vergriffen hatte." Seine Anverwandten veranstalteten es, daß seine Krankheit durch dienliche Arzeneymittel gehoben ward. Da er wieder ganz zu sich selbst gekommen war, hudelte er seine Freunde also aus: „Beym Henker! ihr, meine Freunde, habt mich umgebracht; habt mir nicht geholfen; mich meines Vergnügens beraubt; mich mit Gewalt dem mich beglückenden Irrthum entzogen." Er hatte recht; sie schossen fehl, und waren der Nießwurze mehr als er benöthigt; sie, die auf den unglücklichen Einfall gerathen, einen so glücklichen und erfreulichen Wahnsinn, als ob er eine Krankheit gewesen wäre, durch Ausführungsmittel abzutreiben.

Ich habe es noch nicht entschieden, ob man durch den Irrthum der Sinne, oder den Irrthum des Verstandes, zum Wahnsinnigen werde. Wenn ein Blödsichtiger ein Maulthier für einen Esel ansieht, oder jemand ein armseliges Gereime als ein gelehrtes Gedicht bewundert, so muß man ihn nicht sogleich für wahnsinnig halten. Wenn aber jemand sich nicht nur durch die Sinne, sondern auch die Einbildungskraft, täuschen läßt, und zwar auf eine ganz ungewöhn=

liche Weise und immer, so muß man ihn für ei=
nen Nachbar des Wahnsinns erkennen; wie wenn
er so oft er einen Esel schreien hört, sich einbil=
det, er höre vortrefliche Sänger; oder wenn er,
ein blutarmer Schlucker, sich in den Kopf gesetzt
hat, er sey der lydische König Crösus. Wenn
diese Art von Narrheit (und bald allemal thut sie
es) einen Hang zur Wollust hat, so zeugt sie
kein geringes Vergnügen; so wohl bey denen, die
damit behaftet sind, als auch bey denen, die
ihn bemerken, und doch damit nicht angesteckt
sind. Und diese Art von Wahnsinne erstreckt sich
weiter, als man gemeiniglich dafür hält. Auch
lacht ein Wahnsinniger über den Andern, und je=
der theilt dem Andern etwas von seiner Wonne
mit. Nicht selten lacht der grössere Narr weit
heftiger über den kleinern, als dieser über jenen.

Hören Sie, meine Herren, hierüber den
Ausspruch der Narrheit: Auf wie mehrere Arten
des Wahnsinns der Mensch verfällt, um so viel
glücklicher ist er; wenn er dabey nur in dem von
mir bezeichneten Glase bleibt. Doch hat man

sich hierüber um so viel weniger zu beklagen, da dasselbe so ausgedehnt ist, daß ich wirklich nicht weis, ob sich unter allen Sterblichen ein einziger finden lasse, der immer weise ist, und sich von aller und jeder Art des Wahnsinns frey befindet.

Nur ist hiebey dieses zu bemerken: Wer einen Kürbiß sieht, und ihn für ein Frauenzimmer hält, wird wahnsinnig genennt; und zwar darum, weil nur wenige in diesen Zustand gerathen. Wenn aber jemand schwört, seine Frau, die er mit vielen gemein hat, sey keuscher als Penelope, und sich hierüber, in seinem glücklichen Irrthume, was rechtes zu gute thut, so muß niemand ihn Wahnsinnig nennen. Warum? weil man ja sieht, daß dieses das gemeine Schicksal der guten Männer ist.

In die gleiche Classe gehören die, welche alles verachten, das nicht Jagd ist; und behaupten, sie empfinden in sich eine unbeschreibliche Wollust, so oft sie das heulende Gebrülle der Hörner und Hunde hören. Haben sie nicht etwann auch ihre Geruchskräfte so verfeinert, daß es ih=

nen deucht, der Hundsstall sey mit Zibeth durchduftet. Welches süsse Vergnügen, wenn es um die Zerreissung des Wildes zu thun ist! Bey Ochsen, Hämmeln, überläßt man diese Arbeit dem niedern Pöbel; hier darf nur der Junker Hand anlegen; mit entblößtem Haupte, gebogenen Knien, dem dazu gewiedmeten Waidemesser (sich hier eines gemeinen zu bedienen, würde strafwürdiges Verbrechen seyn) mit gewissen Geberden, trennt er gewisse Glieder, in einer gewissen Ordnung, religionsmäßig ab. Die umherstehende Gesellschaft, tief stillschweigend, verwundert sich inzwischen darüber, wie über etwas ganz neues, ob sie gleich solchem Schauspiele mehr als tausendmal beywohnte. Wer das Glück hat, etwas von dem Thiere zu kosten, der glaubt, daß er dadurch im Adel eine Stuffe höher gestiegen sey. Und doch gewinnen sie durch das geflissene Verfolgen des Wildes, und das Essen von demselben, anders nichts, als daß sie, ein königliches Leben zu führen vermögend, bald selbst in wilde Thier ausarten.

Mit

Mit diesen haben jene viel ähnliches, die, durch unersättliche Bausucht hingerissen, das Runde viereckig, und das Viereckige rund machen. Sie wissen weder von Ziel noch Maaß, bis sie in die tiefe Armuth versunken, weder ein Haus noch etwas zu beissen, und brechen haben. Und bleibt ihnen denn gar nichts übrig? O ja; das Angedenken, daß sie einige Jahre in grosser Wolluft verträumt haben.

Diesen kommen, meiner Einsicht nach, jene sehr nahe, die sich unterfangen, durch neue und geheime Künste, die Natur der Dinge zu ändern, und zu Wasser und Land ich weis nicht was für einer fünften Kraft nachjagen. Diese weiden sich so königlich mit der süssen Hoffnung: daß sie weder Mühe noch Unkosten bereuen; mit wunderbarem Scharfsinn ergrüblen sie sich immer etwas neues, um sich zu täuschen, und sanft einzuwiegen, bis sie von allem so entblöst sind, daß sie ihren Tigel kalt und leer müssen stehen lassen. Doch setzen sie ihre schmeichelnden Träume fort, und muntern Andere so viel möglich zu einer gleichen Wonne auf. Wenn sie endlich von aller und jeder Hoffnung verlassen sind, so schöpfen sie aus dem Sprüchgen „nach grossen Dingen gestrebt zu haben, ist Ruhms genug" einen unvergleichlichen Trost. Und dann schmählen sie erbaulich auf die Kürze des Lebens, die so grosse Unternehmungen neidisch vereitle.

Noch steh ich im Zweifel, ob ich die Spieler für meine Zunftgenossen erkennen solle. Doch ists närrisch und lächerlich genug, zu sehen, wie Einigen, so oft sie die Würfel fallen hören, das Herz im Leibe hüpft und bebt. Wenn sie, durch die Hoffnung auf Sieg stets genarret, an der Spielklippe (kaum haben ehedem an dem lakonischen Vorgebürge Malea so viele gestrandet) Schiffbruch gelitten haben, und kümmerlich mit der Haut entronnen sind, so betrügen sie eheder sonst jedermann, als den Sieger, um ja Widermänner zu bleiben. Was ist von jenen halbblinden Grauschädeln zu sagen, die zum Spielen ihre Augen mit Gläsern bewaffnen müssen? Von denen, welchen das gerechtigkeitliebende Chiragra die Finger gelähmt hat, die Andre bestellen, in ihrem Namen die Würfel zu werfen? Ein feiner Gespaß wär es freylich, wenn nur dieses Spiel sich nicht oft in Wuth verwandelte, und dann eine Sache für die Furien würde, nicht für mich.

Hier aber kommen Leute meines Gelichters: Wunderdinge, teuschende Lügen, zu hören oder zu erzehlen, macht ihre Freude aus. Unersätt= lich sind sie bey solchen Fabeleyen, wenn man von Gespenstern, Poltergeistern, und tausender= ley dergleichen Teufeleyen redet, die, je weiter sie sich von der Wahrheit entfernen, desto gieriger geglaubt werden, und desto nachdrücklicher die Ohren jücken machen. Und diese herrlichen Dinge dienen nicht nur zum Zeitvertreibe, sondern sind auch sehr einträglich: man frage gewisse Schwarz= röcke.

In einer nahen Verwandschaft mit diesen stehen jene, die sich eine zwar närrische aber doch lustige Sparre in den Kopf gesetzt haben, nämlich, wer auf einen hölzernen oder gemahlten polyphe= musmäßigen Christoph die Augen richte, werde selbiges Tages nicht ersäufen; oder, wer bey einer geschnitzten Barbara mit vorgeschriebenen Worten seinen Gruß abstatte, werde unbeschädigt aus der Schlacht kommen; oder, wer an gewissen Tagen, mit gewissen Wachskerzen, und gewissen kleinen Sprüchen, den Erasmus besuche, werde in kurzen reich werden. Sie haben ihren Georg, wie die Heiden ihren Herkules und Hippolytus hatten; mit Spangen und Bullen ist sein Pferd auf das andächtigste geziert; wenig fehlts, daß sie es anbeten; von Zeit zu Zeit macht man sich bey dem Ritter mit einem Geschenkchen beliebt; und, wenn man bey seiner ehernern Vickelhaube schwört, dünkt man sich was Grosses zu seyn.

Was soll ich von jenen sagen, welche sich bey erdichteten Ablaßversicherungen ihrer Verbrechen fein gütlich thun, und die Zeiträume, Jahrhunderte, Jahre, Monate, Tage, Stunden des Fegfeuers, nach der Sanduhr angeben, oder geometrisch und auf eine ganz zuverläßige Weise abmessen? Oder von jenen, die sich auf ein ma=

gisches Zedelein oder Gebetlein verlassen, das ein frommer Betrüger in einer wunderlichen oder eigennützigen Laune ausgesonnen hat, und die sich daraus ich weis nicht was für Herrlichkeiten versprechen: Reichthümer, Ehrenstellen, Wollüste, Niedlichkeiten, stete Gesundheit, langes Leben, munteres Alter, und endlich in dem Himmel einen recht ausgezeichneten Platz, den sie doch erst so spät als möglich zu beziehen gedenken; das ist, wenn die Wollüste dieses Lebens, an die sie sich mit allen Kräften halten, ihnen doch endlich entwischen: dann wollen sie sichs gefallen lassen, an den Freuden der Himmelsbewohner Theil zu nehmen.

Mich deucht, ich sehe, wie ein Krämer, Soldat, Richter, hier, vermittelst eines kleinen aus seinem ganzen zusammengeraubten Vermögen genommenen Stückchen Gelds, den Schandpful seines ganzen Lebens ein für allemal auszureinigen glaubt, so viele Meineide, Schandthaten, Trunkenheiten, Gezänke, Mördereyen, Teuschereyen, Treulosigkeiten, Verräthereyen; alles, denkt er, sey jetzt losgekauft, und so gut losgekauft, daß er nun auf der Lasterbahn getrost fortgehen könne.

Giebt es wohl närrischere, daß ist glücklichere Leute, als die, welche darum, weil sie täglich sieben Verse aus den Psalmen daher sagen, sich die höchste Glückseligkeit als etwas unfehlbares versprechen? Man glaubt, ein gewisser spaßhafter Dämon, der mehr prahlerisch als schlau gewesen, habe dem ihn, den armen Teufel, teuschenden Bernhard, diese Verse gewiesen.

Und solche Dinge, die so närrisch sind, daß ich beynahe selbst mich ihrer schäme, finden Beyfall, und zwar nicht nur bey dem Pöbel, sondern auch bey Leuten, die so vieles von Religion schwatzen, daß man bey ihnen einen ganz andern Witz vermuthen sollte.

Liesse sich hier nicht auch von dem reden, daß jeder Gegend ihren besondern Schutzheiligen hat; und daß jedem Heiligen sein eigenes Geschäft, und seine eigene Verehrungsart, angewiesen ist: der eine hülft bey Zahnschmerzen; der andere springt den Gebährenden bey; ein dritter verschaft dies gestohlene wieder; ein vierter läßt den Seefahrer eine beglückte Reise machen; ein fünfter bewacht die Heerde, und so weiter, denn alles daher zu zählen, würde zu weit führen.

Es giebt Heilige, welche für sich allein vieles zu Stande bringen können; besonders die jungfräuliche Gottesgebährerinn, deren der gemeine Mann bald mehrers zuschreibt, als dem Sohne.

Was ist alles, das die Menschen sich von dergleichen Heiligen erbeten, anders, als Thorheit? Wohlan! unter so vielen Gedächtnißtafeln, mit welchen man die Wände und Gewölber der Tempel gelübdsmäßig dick behangen findet, hat man je eine gesehen, die aus Dankbarkeit von jemanden dahin verehret worden, der durch ein Wunder der Narrheit entflohen, oder auch nur um ein Haar weiser geworden ist? Einer hat sich glücklich durch Schwimmen gerettet; ein Anderer ward durch den hohlen Leib gestochen, und ist noch bey Leben; ein Anderer ist, indem die übrigen fochten, glücklich und tapfer durch die Flucht entronnen; ein Anderer kam an den Galgen, durch Kraft eines die Diebe begünstigenden Heiligen zerriß der Strick, und nun fährt er im Liebeswerke fort, diejenigen zu erleichtern, welche durch zu vieles Geld beschwert sind; ein Anderer durchbrach die Mauer des Kerkers, und ist in Freyheit; ein Anderer ist, zum grossen Verdrusse des Arztes, das Fieber bald losgeworden; einem Andern ward ein vergifter Trank gegeben; er verursachte aber den Tod nicht, sondern half glücklich einer Verstopfung ab; nur machts seiner guten Ehefrau wenig Freude, und sie ärgert sich über ihre vergebliche Mühe und Unkosten; ein Anderer schmiß mit dem Wagen um, ritt aber mit den Pferden gesund nach Hause; auf einen Andern fiel der Schutt einer einstürzenden Mauer, schlug ihn aber nicht todt; ein Anderer, der mit einer Frau tändelte, ward von dem Manne derselben überrascht, log sich aber durch einen listigen Einfall los. Niemand bezeigt sich dafür dankbar, daß er von der Narrheit befreiet worden.

O meine Herren! wenig Verstand haben, ist etwas so angenehmes, daß die Sterblichen sich ehender alles verbäten, als die Narrheit. Aber warum sollt ich mich auf das Meer des Aberglaubens hinaus wagen? Wenn ich gleich hundert Zungen hätte, hundert Mäuler, eine eiserne Stimme, so würd ich doch nicht alle Gestalten der Thorheit entwickeln, alle Namen der Narrheit durchlaufen können. In dem Leben der Christen ist durchgehends alles von Wahnsinn vollgepfropft; und die Herren im schwarzen Kleide begnügen sich nicht nur, es so gehen zu lassen, sondern tragen auch noch das Ihrige wacker dazu bey; wohl wissend, daß sich dabey allemal ihre Rechnung werde finden lassen.

Ein Weiser, der mir von Herzen mißfällt, wirft sich zum ungebetenen Prediger auf, und spricht so, wie die Sache an sich selbst ist: „Du wirst kein böses Ende nehmen, wenn du gut lebst; deine Sünden werden dir vergeben werden, wenn du, der du die Sache mit einem stückchen Gelds richtig machen willt, dein gethanes Böse verabscheust, weinest, wachest, betest, fastest, und dein ganzes Thun und Lassen änderst; der Heilige wird dir gewogen seyn, wenn du seinem Leben nacheiferst." O meine Herren! wenn dieser Weise Ihnen mit dergleichen Geplauder in den Ohren liegt, bewaffnen sie sich wohl, wenn es Ihnen um Ihre Gemüthsruhe zu thun ist.

In diese Zunft gehören auch die, welche bey guter Gesundheit pünktlich verordnen, mit welchem Gepränge ihre Leiche solle bestattet werden; sie bestimmen die Zahl der Fackeln, der Leibtragenden, der Sänger, der Lohnheuler; gerad als sie selbst noch Augenzeugen dieses Schauspieles seyn würden; oder als ob es ein Schandflecke für den Verstorbenen wäre, wenn man seinen Leichnahm nicht prächtig einscharrte; sie sind damit so beschäftigt, als ob sie, gleich den Aedilen im alten Rom, das Volk mit Schauspielen und Mahlzeiten versehen müßten.

Ob ich gleich eile, so viel mir möglich ist, so kann ich doch jene nicht vorbey gehen, die zwar vor dem niedersten Schuflicker nichts vor=

aus haben, und sich doch auf den blossen Titel des Adels ich weis nicht was Wundergrosses einbilden. Der Eine will von dem Aeneas abstammen; der Andere von dem Brutus; und ein Dritter von dem König Arthur. Sie hängen prahlerisch allerorten geschnitzt und gemahlte Bilder ihrer Ahnen auf; sie berufen sich auf derselben Namen und Beynamen, und sind selbst stummen Bildsäulen ähnlich; noch weniger werth, als die Thiere, die ihren Wappen zu Schildhaltern dienen. Doch führen sie, dank sey es ihrer holden Selbstliebe, ein ganz glückliches Leben; und an eben so grossen Narren fehlts nicht, die diese Art von edlen Thieren für halbe Götter ansehen.

Warum red ich aber nur von einer oder der andern Art von Narren! die Selbstliebe zaubert ja allerorten auf tausenderley wunderbare Weise dergleichen recht glückliche Geschöpfe hervor. Etwann sieht man einen, mit dem die Natur es noch wohl gemeinet hätte, wenn er von ihr blos mit einem Affengesichte wäre begabet worden, und er deucht sich schöner zu seyn, als Nireus es beym Homer ist. Ein Anderer, so bald er vermittelst seines Zirkels zwo oder drey Linien ziehen kann, glaubt, daß er es mit dem Euklides aufnehmen könnte. Hier ist einer, der sich zur Musik so gut schickt, wie der Esel zur Harfe; doch glaubt er sich im Stande zu seyn, mit einem Hermogenes in die Wette zu singen, ob man gleich das Gekrähe des die Hänne betretenden Hahnes musikalischer findet, als sein Gekrächze.

Lustig ists, wenn man auf das Betragen einer andern Art von Wahnsinnigen acht hat: aller der Gaben und Geschicklichkeiten, die ihre Bedienten besitzen, rühmen sie sich, als ob es die ihrigen wären. Hieher gehört jener glückliche Reiche beym Seneca: wenn er ein Geschichtchen erzehlen wollte, hatt er immer Knechte zur Seiten, die ihm die Namen einflüsterten; er war von einer so schwächlichen Leibesbeschaffenheit, daß es leicht gewesen wär, ihn zu Boden zu hauchen; und doch beredet er sich, im Stande zu seyn, sich in den Streit der Klopffechter zu mischen; denn er hatte ja zu Hause starke Bengels, denen er Muß und Brod gab.

Es würde sich der Mühe nicht lohnen, wenn ich viele Worte über die verlieren wollte, die von Künsten und Wissenschaften Profession machen. Sie besitzen eine besondere Selbstliebe: ehender thun sie verzicht auf ihr ganzes väterliches Erb=gütchen, als auf ein Früchtchen ihres Genies. Schauspieler, Musicanten, Redner, Poeten, lie=ben sich selbst um so viel heftiger, um so viel un=gelehrter sie sind. Was auch noch so abge=schmackt ist, findet immer einen Gaumen, dem es behagt; es giebt Leute, denen selbst das Häß=liche sich anpreist: denn (wie oft soll man es noch sagen) die meisten Menschen sind Narren. Also darf man nur recht unwissend seyn, um sich selbst herrlich zu gefallen, und von vielen bewundert zu werden. Einfältig müßte man seyn, wenn man der sogenannten wahren Gelehrtheit nach=werben wollte: dieses würde hoch zu stehen kom=men: und was würde die Ausbeute seyn? schüch=

tern und menschenscheu würde man werden, und bald aller Welt mißfallen.

Wie die Natur einzelne Menschen behandelt, so behandelt sie auch ganze Völkerschaften; jeder hat sie ihre besondere Eigenliebe eingeimpft. Die Britten machen hauptsächlich Anspruch auf eine schöne Leibesgestalt, die Musik, und eine niedlich besetzte Tafel. Die Schotten schmeicheln sich mit Adel, königlicher Abkunft, und scharfsinniger Disputierkunst. Die Franzosen behaupten, eine gute Lebensart müsse man bey ihnen erlernen; besonders aber in Paris die Theologie. Die Italiäner brüsten sich auf ihre Gelehrtheit und Beredsamkeit; und daher schmeicheln sie sich, daß sie einzig nicht Barbaren seyn; insonderheit maaßen sich die Römer dieser Glückseligkeit an; sie wiegen sich zum süssen Traum ein, daß sie noch im alten Rom leben. Die Venetianer triumphieren wegen ihrem Adel. Die Griechen prahlen, sie seyen die Erfinder der Künste und Wissenschaften, und behängen sich mit den Titeln ihrer alten berühmten Helden. Die

Türken, samt allen dem übrigen Barbarengeschmeiſſe, ſchreien, die ächte Religion laſſe ſich nur bey ihnen finden; und ſie lachen höhniſch über Chriſten, als Abergläubige. Gütlich thun die Jüden ſich noch heut zu Tage mit der Erwartung des Meſſias, und ſind dabey ſo ſtandhaft, als ſie es in Bewahrung der Schriften ihres Moſes ſind. Die Spanier wollen die berühmteſten Kriegsleute ſeyn. Die Germanier ſpiegeln ihre groſſen Körper, und ihre Bekanntſchaft mit magiſchen Künſten.

Wir wollen nicht weiter gehen. Es liegt am Tage, wie viele Wolluſt die Eigenliebe allen und jeden Sterblichen verſchaffe. Sie hat eine Geſellſchafterinn, die Schmeicheley. Wirklich, wenn man ſich der Eigenliebe ergiebt, was thut man anders, als daß man ſich ſelbſt ſchmeichelt; daß man ſich ſelbſt eben die Gefälligkeit erweiſt, mit welcher man ſich zuweilen in die Gunſt Anderer ſetzt. Heut zu Tag iſt freylich die Schmeicheley in einen böſen Ruf gekommen; aber bey wem? bey Leuten, die mehr auf die Wörter ſe=

hen, als auf die Dinge selbst. Sie stehen in dem Wahne, Ehrlichkeit könne mit Schmeicheley nicht wohl bestehen. Damit sie lernen mögen, wie gröblich sie sich irren, sollte man sie bey vernunftlosen Thieren zu Schule schicken: Was ist schmeichelhafter als der Hund? und was ist zugleich getreuer als er? was ists, das sich mit Possirlichkeiten gefälliger machen kann, als das Eichhörnchen? und doch ists ein Freund des Menschen. Sind etwann Löwen, Tiger, Pauterthiere, grosse Menschenfreunde, weil sie sich nicht einschmeicheln?

O ja, es giebt eine sehr schädliche Schmeicheley, durch welche zuweilen ein Treuloser, oder ein Spötter, einen Einfältigen ins Verderben zu locken trachtet. Die meinige hingegen entspringt aus einer gewissen Gutmüthigkeit und Aufrichtigkeit; sie kömmt der Tugend weit näher, als ein gewisses rauhes, mürrisches, unschickliches, und schwerfälliges Wesen; sie flößt den Niedergeschlagenen einen Muth ein, tröstet die Traurenden, muntert die Trägen auf, macht die Tummen munter, erleichtert die Kranken, besänftigt die Wütenden, stellt die Liebe wieder her, macht die Versöhnlichkeit dauerhaft, locket die Jugend zum lernen an, belustigt die Alten, ermahnt und unterrichtet die Fürsten auf eine glimpfliche Weise, indem sie dieselben blos zu loben scheint; kurz, sie bringts zu Stande, daß jeder sich seiner mehr freut, und sich selbst mehr liebt; und dieses macht bey der Glückseligkeit gewiß die Hauptsache aus.

Was kann dienstfertiger seyn, als wenn zween Esel wechselweise einander kratzen? Ich habe nicht nöthig, erst zu sagen, daß ein solches Betragen einen grossen Theil der gelobten Beredsamkeit ausmacht, einen grössern der Arzeneykunst, und den grösten der Dichtkunst; daß in derselben auch alles bestehe, was das gesellschaftliche Leben aufs lieblichste durchwürzen kann. Aber betrogen werden (sagen die Weisen) ist ja ein grosses Elend. Nicht betrogen werden (sag ich) ist das allergröste. Man kann nicht ärger ausschweifen, als wenn man sich in Kopf setzt, die Glückseligkeit des Menschen besteh in den Dingen selbst.

Vom Wahne hängt sie ab; denn in dem menschlichen Wesen ist alles so dunkel, einander so entgegen gesetzt, daß nichts sich deutlich wissen läßt; wie meine Akademiker es sehr richtig bemerkt haben; und hierinn erwiesen sie sich gewiß nicht als stolze Philosophen. Wenn sich auch je etwas wissen läßt, so benimmt es nicht selten dem Leben seine Freude. Der Mensch ist einmal so: Schminke ist ihm reizender als Wahrheit.

Wenn sich jemand hievon durch eine deutliche und handgreifliche Erfahrung überzeugen will, so stell er sich nur unter einen Predigtstuhl, und sehe, wie alles (sobald darauf etwas Ernsthaftes verhandelt wird) schläft, gähnt, hustet, sich schneizt, vor Eckel erblaßt; wenn hingegen der Kanzelschreier (ich irre mich, Redner wollte ich sagen) nach Gewohnheit ein altes Weibermärlein anfängt, erwacht alles, richtet sich auf, spitzt gierig die Ohren. Und wenn die Rede auf einen Heiligen kömmt, von dem mehr dichterisches und heldenmäßiges zu erwarten steht, zum Exempel, einen Georg, einen Christoph, eine Babara, o dann ist man mit einer grössern Andacht bereit, als wenn man nur mit einem Petrus und Paulus, oder auch Christus, unterhalten wird! Aber hier ist davon die Rede nicht.

Vermittelst des Wahnes läßt sichs, ohne so grossen Aufwand zur Glückseligkeit kommen. Was die Dinge selbst betrift, so hat man oft grosse Mühe, sich auch nur die geringsten derselben anzuschaffen: man denke mir, was für Schweiß schon die Grammatik ausgetrieben hat. Zum Wahne, die zur Glückseligkeit noch weit mehr beyträgt, gelangt man sehr leicht. Dort ist einer, dem seine faulen Fische, von welchen ein Anderer die Nase zuhält, recht königlich schmecken; gewiß ist er dabey glücklich; und dieses wäre da nicht, wenn man ihm den köstlich=bereiteten und frischen Störfisch, vor dem ihm aber eckelt, aufgetischt hätte. Jemand hat eine von Herzen häßliche Frau, findet sie aber schön wie Venus; ists ihm nicht einerley, ob sie ist, wie sie ist, oder ein Muster der Schönheit wäre. Jener hat eine Tafel, darauf ein elendes Geschmire ist, hält sie aber für die Arbeit eines Apelles oder Zeuxis, und kann sie nicht genug bewundern; ist er nicht glücklicher, als ein Anderer, der wirklich ein Stück von der Hand dieser Künstler mit schwerem Geld erkauft hat, aber dabey kein so grosses Vergnügen in sich fühlt.

Ich kenne einen Menschen der die Ehre hat, mein Namensverwandter zu seyn; er verehrte seiner Braut etliche falsche Demante, und beredete sie (das Bereden verstand er meisterhaft) sie seyen nicht nur ächt, sondern auch von einem unschätzbaren Werthe. Man sage mir einmal, was gieng dem Mädchen ab? sie weidete an den Gläschen Augen und Herz, als ob sie einen grossen Schatz in ihrem Besitze hätte. Inzwischen hatte der Mann sich einen grossen Aufwand erspahrt, und machte sich des Irrthums seines Weibchens zu Nutze; sie war ihm um kein Haar weniger verbunden, als ob er ihr das allerkostbarste geschenkt hätte.

Plato dichtet: in einer Höhle sitzen Leute, welche nur die Schattenbilder verschiedener Dinge

sehen, und bewundern; sie verlangen weiter
nichts, und sind treflich mit ihrem Zustande zu=
frieden. Nun, was hat der Weise, der sich aus
der Höhle heraus schleicht, und das Wesentliche
jener Bilder angafft, vor jenen voraus? Wenn
der Schuflicker Mycillus, von dem uns Lucian
eine Erzehlung macht, und der sich im Traume
ein reicher Mann zu seyn einbildete, stets so ge=
träumt hätte, so würd er keine Ursache gehabt
haben, sich ein anderes Glück zu wünschen. Zwi=
schen Narren und Weisen ist also höhstens dieses
der Unterschied, daß jene die glücklichern sind;
denn, ihre Glückseligkeit kömmt sie höher nicht zu
stehen, als daß sie dieselbe mit einem kleinen Ge=
danken erkaufen; und anbey leben sie in einer
grossen Gesellschaft; ein herrlicher Vortheil! denn
nichts ist so gut, daß es Vergnügen macht, wenn
man es einzig für sich haben muß. Der Weisen
giebt es sehr wenig; und noch nicht ausgemacht
ists, ob sich wirklich einer finden lasse. Grie=
chenland zählt, inner vielen Jahrhunderten, ih=
rer sieben; aber, beym Herkules sey es geschwo=

ren! wenn man die Sache genauer erforschen will, so will ich des Todes seyn, wenn man nur die Hälfte, nur den Drittel eines Weisen findet.

Unter den vielen Dingen, durch die Bachus sich sein Lob verdient, ist hauptsächlich dieses, daß er aus dem Gemüthe die Sorgen wegschwemme; es dauert aber nur eine kleine Weile; denn kaum ich das Räuschlein ausgeschlafen, so stellt sich der Gram über Hals und Kopf wieder ein. Mit der Wohlthat, durch die ich segne, hat es eine ganz andere Beschaffenheit: durch eine gewisse stete Berauschung, die man sich ohne Entgeld anschaft, setz ich das Gemüth in immerwährende Wonne.

Man wird mir keinen der Sterblichen aufweisen können, der nicht dieses oder jenes meiner Freygebigkeit zu verdaknen hätte; da andere Gottheiten ihre Gaben nur diesen oder jenen auf eine parteyische Weise zutheilen. Bachus läßt nicht allerorten den edlen und angenehmen Wein wachsen, der die Sorgen verjagt, und dabey man sich in süsser Hoffnung zum reichen Manne trinkt. Nur selten macht Venus schön, und Merkur noch

seltener zum beredten Manne. Herkules ist sehr
sparsam, wenn es aufs Reichmachen ankömmt.
Der homerische Jupiter setzt nicht jedermann auf
den Thron. Oft gewährt Mars keinem der strei=
tenden Heere den Sieg. Schon ein mancher ist
mit einem langen Gesichte von dem Dreyfuße des
Apollo weggeschlichen. Der saturnische Jupiter
donnert oft. Phöbus schießt zuweilen pestilenzia=
lische Pfeile. Neptun verschlingt mehr Menschen,
als er rettet. Wenn ich hier von einem After=
jupiter, einem Pluto, einer schadenfrohen Alte,
und andern dergleichen Rache = und Krankheitsstif=
tern, reden wollte, so würde man nicht Götter
an ihnen erkennen, sondern Henker.

Ich einzig, die Narrheit, bin eine so gute
Närrinn, daß ich bereitwillig mit meinen Wohl=
thaten jedermann zu Diensten stehe. Man hat
nicht nöthig, mich durch Gelübde zu bestechen;
ich erzürne mich nicht; begehre keine Aussöhnungs=
opfer, wenn man sich bey einer Verehrung in die=
ser oder jener Ceremonie verfehlt hat; bringe nicht
Himmel und Erden in Verwirrung, wenn man

die übrigen Götter zu Gaste bittet, mich aber zu
Hause sitzen läßt, wo mir kein Opferdunst mit
seinen Wolgerüchen in die Nase steigen kann. Um
die übrigen Götter ist es etwas so mürrisches, daß
es bald besser und sicherer ist, man lasse sie in
Ruhe das seyn, das sie sind, als daß man trachte,
sich bey ihnen einzuschmeicheln. Es steht um sie
beynahe, wie um Leute, die so wunderlich und
über jede Kleinigkeit so empfindlich sind, daß es
behaglicher ist, keinen Umgang mit ihnen zu ha=
ben, als sich mit ihnen bekannt zu machen.

Aber niemand (heißt es) opfert der Narrheit,
oder errichtet ihr einen Tempel. O ja (ich habe
hierüber bereits mein Herz ausgeschüttet) über
eine solche Undankbarkeit verwundere ich mich ein
wenig; doch deut ich es, nach der mir angebohr=
nen Gutmüthigkeit aufs beste aus; und im Grun=
de: warum sollt ich nach solchen Ehrerweisungen
lüstern seyn? was soll mir ein Körnchen Weih=
rauchs, etwas Gebackenes, ein Bock, ein
Schwein? Alle Sterblichen dienen mir ja aller=
orten auf eine Weise, von welcher selbst die Theo=

logen sagen, daß sie weit die vorzüglichste sey. Nein, nein, ich beneide die Diana nicht, daß man ihr Menschenblut zum Versöhnopfer darbringt; ich glaube, daß ich aufs andächtigste verehrt werde; wenn man mich (und allerorten, und von jedermann, geschieht es ja) ins Herz aufnimmt, und sich in allem Thun und Lassen nach meiner Anweisung einrichtet.

Auch bey den Christen findet sichs ziemlich selten, daß sie auf eine solche Weise ihre Heiligen verehren. Wie groß ist nicht die Menge derer, welche der jungfräulichen Gottgebährerinn eine Wachskerze anzünden, und das am hellen Mittage, da sie ganz unnütz ist! Hingegen, wie wenige derer, die ihr durch ein keusches und sittsames Leben, und durch Liebe zu himmlischen Dingen, nachzueifern trachten! Und doch wäre dieses der ächteste sich auch den Himmelsbewohnern anpreisende Gottesdienst.

Ferner, warum sollte mir nach einem Tempel verlangen, da mir (wenn ich mich nicht irre) die ganze Welt zum schönsten dient? So lange noch Menschen sind, wirds mir an Verehrern nicht fehlen. Eine solche Närrinn bin ich nicht, daß ich nach steinernen und mit Farben überschmierten Bildern lüstern seyn sollte; solche Dinge sind blos Abhaltungen von einer ächten Verehrung, indem Leute, die nichts als Fleisch und Blut sind, die Zeichen für die Heiligen selbst nehmen und anbeten; und dann geht es uns wie denen, die durch ihre eigenen Statthalter vertrieben werden. Ich halte dafür, mir seyen eben so viele Bildsäulen errichtet, als es Sterbliche giebt, die, wenn sie es auch selbst nicht meynen, lebhafte Bilder von mir sind. Ich beneide die übrigen Götter nicht, wenn die Einen in diesem, und die Andern in jenem Winkel der Welt, und zwar an gesetzten Tagen angebetet werden: zum Exempel Phöbus in Rhodus, Venus in Cypern, Juno in Argos, Minerva in Athen, Jupiter auf dem Olymp, Neptun zu Tarent, Priapus in Lampsokus; die ganze Welt wird stets fortfahren, mir weit treflichere Opfer darzubringen.

Es könnte das Ansehen haben, ich sey verwägen genug, die Wahrheit vorbey zu gehen. Lasset uns aber das Leben der Menschen etwas näher betrachten, um an den Tag zu bringen, wie vieles die Menschen, vom höchsten Range bis zum niedersten, mir zu verdanken haben, und wie hoch sie mich auch wirklich schätzen. Wir wollen nicht das ganze Leben eines jeden durchgehen, welches viel zu weit führen würde, sondern nur das Leben der vornehmsten berühren, wo es dann leicht seyn wird, den Schluß auch auf die übrigen zu machen.

Was den gemeinen Pöbel betrift, so steht er augenscheinlich auf meinen Seiten: er zeigt sich allerorten in so vielerley Gestalten der Narrheit, täglich sinnt er diesorts so viele neue Moden aus, daß tausend Demokritusse nicht zureichend wären, sie gebührend zu belachen; und noch ein Demokritus wäre nöthig, um über diese tausend zu lachen. Man würde keinen Glauben finden, wenn man es sagen sollte, wie lustig sich täglich die Götter über die Menschengeschöpfe machen. Die

Götter bringen ihre nüchteren vormittägigen Stunden damit zu, daß sie zanksüchtigen Menschen, die sich bey ihnen Raths erholen, Verhör ertheilen, und auf die Gelübde horchen, die man an sie richtet; wenn einmal der Nektar ihnen in den Kopf gestiegen ist, und sie zu nichts Ernsthaftem mehr aufgelegt sind, so setzen sie sich auf das äusserste Vorgebürg des Himmels, und begaffen mit ausgestrecktem Halse das Thun und Lassen der Menschen. Von einem angenehmern Schauspiele wissen sie nichts. O welch eine Schaubühne, auf welcher sich so vielerley Narren drängen! Auch ich setze mich zuweilen in den Kreis der poetischen Götter.

Dieser ist sterblich in ein Mädchen verliebt; und wie weniger er geliebt wird, desto rasender liebt er. Jener vermählt sich mit der Morgengabe, nicht mit der Tochter. Dieser führt gefällig seine Gemahlinn einem Andern selbst zu. Jener bewacht sie aus Eifersucht wie ein zweyter Argus. O welche thörichte Dinge sagt und thut nicht dieser in seiner Trauer! Leute, die besser nicht sind als Possenreisser, bezahlt er, um das Trauerspiel stattlich auszuführen. Jener weint beym Grabe seiner Stiefmutter. Dieser jagt alles, was er immer aufbringen kann, durch die Gurgel, um ja bald verhungern zu müssen. Jenem behagt nichts besser, als schlafen, und nichts thun. Es giebt Leute, die in Betreibung der Geschäfte Andere schwitzen und keichen, indem sie die ihrigen vernachlässigen. Es giebt Andere, die Geld aufnehmen, um ihre Schulden abtragen zu können; beym fremden Gelde dünken sie sich so lange reich zu seyn, bis sie ihren ganzen übrigen Bettel den Gläubigern überlassen müssen. Es fehlt an solchen nicht, die alles vollauf haben, und arm leben, um ihren Erben Reichthümer zu hinterlassen. Um eines kleinen und ungewissen Gewinnes willen, durchfährt Einer alle Meere, sein mit keinem Gelde zu ersetzendes Leben den Wellen und Winden anvertrauend. Ein Anderer will lieber sein Glück im Kriege suchen, als zu Hause sicher, ruhig, und gemächlich leben. Man glaubt, der leichteste Weg, reich zu werden, sey, sich bey kinderlosen Alten einzuschmeicheln; oder bey einem steinreichen Mütterchen, Hahn im Korbe zu seyn. Beide machen, daß die auf sie achthabenden Götter von Herzen lachen, wenn sie in eben den Stricken, die sie Andern legen, selbst gefangen werden.

Es giebt eine recht närrische und schändliche Art von Kaufleuten, die sich mit schändlichen Dingen, und auf eine schändliche Weise abgeben: lügen, schwören, stehlen, betrügen, übersetzen, sind bey ihnen etwas gewöhnliches; und doch strauben sie sich so, als ob ihnen durchgehends der Vorrang gebühre, weil sich ihre Geldkästen wohl bespickt befinden. Auch im geistlichen Stande fehlt es ihnen an Schmeichlern nicht, von denen sie bewundert und als hochachtungswürdige Leute gepriesen werden, nur damit sie ihnen etwas weniges von dem mit Unrecht erworbenen Vermögen zufliessen lassen.

Einigen von der Sorte des Pythagoras scheint alles so sehr theil und gemein zu seyn, daß sie alles, was von Andern nicht auf das sorgfältigste verwahrt wird, als ob es ihr rechtmäßiges Erbgut wäre, an sich ziehen. Es giebt deren, die nur in ihren Wünschen und Hoffnungen reich sind; sie lassen sich recht angenehme Dinge träumen, und stehen in dem Wahne, zur Glückseligkeit werde weiter nichts erfordert. Einige haben das Vergnügen, daß man sie für reiche Leute hält; und zu Hause können sie sich kümmerlich des Hungers erwehren. Dieser läßt es an nichts fehlen, das Seinige recht geschwind durchzubringen; jener vermehrt es mit Recht und Unrecht. Der Eine durchläuft alle Strassen, um sich Stimmen zu einem Amte zu erbetteln; der Andere lebt zufrieden, indem er in seinem Ofenwinkel verrostet. Viele verwickelen sich in Rechtshändel, die kein Ende nehmen, und bemühen sich beyderseits wie um die Wette, einen zögernden Richter, und schelmischen Fürsprecher, reich zu machen. Dieser sinnt immer auf Neuerungen; jener geht stets mit grossen Entwürfen schwanger. Dort ist einer, der nach Jerusalem, Rom, Compostell, wo er keine Geschäfte hat, als Pilger zieht, und inzwischen Weib und Kinder zu Hause, darben läßt.

Wenn Sie, meine Herren, (gleich dem Menippus beym Lucian) das unzählbare Gewirre der Sterblichen vom Monde herab sehen könnten, so würd es Sie dünken, Sie sehen Heere von Mücken oder Schnaken, die sich unter einander erzanken, bekriegen, belauren, berauben, spielen, Muthwillen treiben, gebohren werden, fallen, sterben. Es ist nicht zu ersagen noch zu erglauben, wie viel verwirrtes Gezeug und Unheil ein so kleines und hinfälliges Thierchen stifte. Etwann reißt ein kleiner Kriegs= oder Peststurm auf einmal bey vielen tausenden hin. Ich würde aber eine Erznärrinn seyn, und würdig, daß Demokritus sein ganzes Lachen über mich ausschütte, wenn ich fortfahren würde, allen Pöbelswahnsinn in seinen so vielen Gestalten daher zu zählen. Ich werde mich an die halten, von denen man glaubt, daß sie alle Weisheit verschlungen haben:

An der Spitze treten die Grammatiker auf, ein pedantisches Völkchen; elender könnt es um sie nicht stehen, und die Götter selbst würden sie anfeinden, wenn nicht ich ihren Jammer mit einer angenehmen Art von Wahnsinne gemildert hätte. Griechen haben ein Sprüchwort von fünf Plagen, hier aber findet man bey tausenden: Hunger und Durst martert sie; beschmutzt, bestaubt, sitzen sie in ihren Schulen, Jammerlöchern, rechten Zuchthäusern; bey den Folterbänken, unter einer Heerde von Buben, werden sie bey der Arbeit eselsgrau, durch Geschrey betäubt, durch Hitze und Gestank ausgedörrt; und doch (Dank haben sie mir) dünken sie sich die Ersten unter den Menschen zu seyn. Sie geniessen einer rechten Herzenslust, wenn sie mit ihrem Tyrannengesichte, ihrer Donnerstimme, dem bebenden Häuflein einen Schrecken einjagen können; mit Stöcken und Ruthen dreschen sie auf die armen Jungen zu; und indem sie nach Willkühr auf vielerley Weise wüten, geht es ihnen wie dem Esel in der Löwenhaut.

Ihr schmutziger Unrath deucht sie Reinlichkeit zu seyn; ihre Nase haben sie zum Wohlgeruche des Gestanks gewöhnt; in ihrer jämmerlichen Sclaverey dünken sie sich Könige zu seyn; und ihre Tyrannenmonarchie würden sie nicht mit der Herrschaft eines Phalaris oder Dionisius vertauschen. Noch beglückter macht sie ihre seltsame Ueberzeugung, daß sie grundgelehrte Männer seyen. Alldieweil sie den Schuljungen lauter Wahnsinn einbläuen, denken sie Wunder, wie weit sie sich über einem Palämon, einen Donat, hinaufgeschwungen haben. Und ich weis nicht durch welche Zauberkünste sie es zu Stande gebracht haben, daß sie närrischen Müttern, und tummen Vätern, gerade so verkommen, wie sie sich selbst zu seyn glauben. Wollust ists für einen solchen, wenn er in einem halbvermoderten Buche etliche veraltete Wörter erstänkert, oder ein Stück von einem mit verstümmelten Buchstaben bezeichneten Stein hervorgegraben hat; o Jupiter! wie hüpft er nicht vor Freude! welcher Triumph! welches Lobgewäsch! als ob er Afrika besiegt, oder Babilon erobert hätte. Wenn sie ihre frostigen und abgeschmackten Verslein allerorten spiegeln, und

Bewunderer finden, so zweifeln sie nicht, Virgils Seele sey mit Haut und Haar in ihren Leib gefahren. Lustiger ist nichts, als wenn sie sich unter einander loben, bewundern, krazen. Wenn der Eine sich an einem Wörtchen verstossen, und ein Scharfsichtiger es von ungefehr entdeckt hat; o Herkules! welch eine Trauerscene öffnet sich! welches Gekeife, welche Spottnamen, welche Beschimpfungen!

Alle Grammatiker sollen mir über den Nacken kommen; wenn ich nicht die runde Wahrheit erzehle: Ich kenne einen Tausendkünstler, Griechen, Lateiner, Mathematiker, Philosophen, Arzt, und das alles im höchsten Grad; er ist schon sechzig Jahr alt; seit mehr als zwanzig Jahren eselt und ermartet er sich, alle übrigen Geschäfte hindansetzend, mit der Grammatik; er würde sich für ein rechtes Glückskind halten, wenn es ihm so lange zu leben verstattet würde, bis er es bey sich festgesetzt hätte, wie man die acht Theile der Rede von einander unterscheiden müsse; eine Sache, über die sich bisher kein Grieche und kein

Römer zuversichtlich erkläret habe. Er scheut sich nicht, den grausamsten Krieg anzufangen, wenn jemand das Beywort an die Stelle setzt, wo sich das Fügwort befinden sollte. Da es so viele Grammatiken als Grammatiker giebt, ja noch mehr (denn mein Freund Albus schrieb ihrer fünf) so läßt unser Held doch keine vorbey, wenn sie auch noch so barbarisch und kopfbrechend geschrieben ist, ohne sie aufs genauste zu durchwühlen; neidisch auf einen jeden, der sich auch auf die widersinnigste Weise an eine solche Arbeit gewaget hat, in der herzabnagenden Furcht, es möchte jemand ihm dieses Ehrenkränzlein ablaufen, und ihm die Arbeit so vieler Jahre schänden. Bey Ihnen, meine Herren, steht es, dieses Wahnsinn zu nennen, oder aber Narrheit: mir liegt wenig daran, wenn man mir nur eingesteht, meiner Güte und Gnade sey es zuzuschreiben, daß dieser, der sonst das elendeste unter allem Viehe seyn würde, sich auf eine solche Stuffe der Glückseligkeit schwinge, daß er sein Loos auch mit keinem persischen Könige vertauschen würde.

So sehr sind die Dichter mir nicht verpflichtet, ob sie gleich unstreitig von meiner Zunft sind; sie, denen, wie den Mahlern alles erlaubt ist; deren Bemühung keinen andern Zweck hat, als die Ohren der Narren, durch possenhafte Schwänke und lächerliche Fabeln, zu kitzlen. Und dennoch ist es zum Erstaunen, was für grosse Dinge sie auf diesen Wind bauen: weniger nicht, als daß sie sich und Andern die Unsterblichkeit und ein wonnevolles Götterleben herzhaft versprechen. Mit der Eigenliebe und der Schmeicheley leben sie vorzüglich vertraut; unter allen Sterblichen ist niemand, der mich mit mehrerer Einfalt und Standhaftigkeit verehrt.

Die Redner treten freilich ein wenig aus dem Gleise, und spielen mit den Philosophen unter dem Hütchen; doch sind sie auch von meiner Parthey. Wo der Beweis sey? Ich könnte vieles anführen, man merke aber nur dieses: unter andern Possen haben sie vieles und unanständlich von der Kunst zu scherzen geschrieben. Der (er mag seyn wer er will) welcher die Redekunst geschrieben und dem Herennius zugeeignet hat, zählt die Narrheit selbst unter die verschiedenen Arten des Scherzes. Quintilian, den die Redner für ihren Vortänzer erkennen, schrieb vom Lachen ein ellenlanges Capitel. Diese Schriftsteller schreiben der Narrheit eine so grosse Kraft zu, daß sie oft das, was sich durch keine Vernunftgründe wegräumen liesse, durch ein Lachen in die Flucht treiben. Man wird es mir doch nicht streitig machen wollen, durch kunstreiche Schwänke ein Gelächter erwecken, gehöre zu den Gaben der Narrheit.

Dieses Gelichters sind auch die, welche sich durch Bücherschreiber einen unsterblichen Ruhm erhaschen wollen. Sie sind mir alle sehr stark in der Dinte; hauptsächlich die, welche das Papier mit nichts als Lappereyen überschmieren. Was die betrift, welche nach dem Urtheile einiger weniger Gelehrten, gelehrt schreiben, so scheinen sie mir nicht so fast glücklich zu seyn, als aber erbarmungswürdig, wenn sie es gleich auf den Entscheid eines Persius oder Cälius wollen ankommen lassen; denn sie marteren sich selbst beständig; sie flicken hierzu, ändern, streichen weg, setzen wieder hin, wiederholen, wärmen auf, erholen sich Raths, haltens neun oder zehen Jahre zurück, sind nie mit sich selbst zufrieden; eine nichtswerthe Belohnung, das Lob einiger wenigen, erkaufen sie theuer, viele Nächte hindurch sich des Schlafes beraubend, des angenehmsten Dinges von der Welt; bey vielem Schweiß und Grame, ist ihr Verlust groß; ihre Gesundheit wird vergeudet; die Schönheit geht zu Grunde; sie werden triefäugig, wo nicht gar blind; ziehen sich Armuth und Neid zu, finden nirgends einen Eingang zum Vergnügen, altern und sterben vor der Zeit, und so weiter. Ein solcher Weiser meynt, alles dieses Uebel werde ihm reichlich dadurch ersetzt, daß hier oder da ein Blinzer ihn seines Beyfalls gewährt.

Weit glücklicher ist ein Schriftsteller, der sich bey seinen Träumereyen an mich hält; er darf sich den schalen Kopf nicht zerbrechen; wie es ihm einfällt, in die Feder schießt, träumt, setzt er es sogleich auf; es geht dabey nichts verlohren, als ein wenig Papier; er ist des Erfolgs versichert: je possenhaftere Possen er schreibt, von desto mehrern, daß ist allen Narren und Tumm̄köpfen, erhält es Beyfall. Es kostet ja keine Mühe, drey oder vier Gelehrten (gesetzt daß sie es lesen) zu verachten. Der Außspruch so wenig Weiser gilt, bey einem so unzählbaren Haufen der Widersprecher, so viel als nichts.

Auch die verstehen die Sache besser, die eine fremde Arbeit für die ihrige ausgeben; den Ruhm, um den Andern mit grosser Mühe gearbeitet haben, ziehen sie leicht an sich; ja, eines gelehrten Diebstahls wird man sie anklagen; das aber, darauf sie sich verlassen, ist dieses: sie werden sich wenigstens bis dahin die Sache zu Nutze machen. Es ist der Mühe werth, Acht darauf zu haben, wie vieles diese sich darauf zu Gute thun, wenn man sie auf den Strassen lobt, im Gedränge mit Fingern auf sie weist, und spricht: sehet, dort geht der grundgelehrte Mann! Auf den Läden der Buchhändler stehen ihre Werke feil;

auf den Titelblättern liest man ihre auf verschiedene Weise verkünstelten Namen, die ein ganz fremdes und magisches Ansehen haben. Und diese Namen, o Himmel, was sind sie anders, als Namen? Anbey sind sie in dieser grossen weiten Welt nur sehr wenigen bekannt; und noch von weit wenigen werdern sie gelobt: denn auch bey den Ungelehrten hat jeder seinen eigenen Geschmack. Nicht selten sind diese Namen erdichtet, oder aus den Schriften der Alten an Kindesstatt angenommen. Der eine nennt sich Telemachus, ein anderer Stelenus, ein dritter Laentes, ein vierter Polykratus, ein fünfter Thrasymachus, und so weiter. Mit eben so gutem Fuge konnten sie ihr Buch Cameleon betitlen, oder Krautskopf, oder A oder B oder C, und so weiter.

Das Artigste ist, wenn sie sich unter einander, die Narren und Dummköpfe, in ihren Briefen und Versen panegyrisieren. Dieser nennt jenen seinen Alcäus, und bekömmt zur Dankbarkeit den Titil Callimachus. Sie, mein Herr, spricht Einer, sind beredter als Cicero; und Sie, erwiedert der Andere, sind gelehrter als Plato. Etwann fordert man einen Gegner zum Kampf heraus, um sich durch einen Klopffechterstreich einen noch grössern Ruhm zu erwerben: dann wankt der gaffende Pöbel, unentschlüssig, welcher Seiten er Beyfall zujauchzen wolle; bis daß es heißt, jeder der beiden Streiter habe den Sieg erfochten, und beiden wird die Ehre des Triumphes zuerkannt. Hier lachen die Weisen, als über eine Erznarrheit. So mag es seyn; niemand leugnet es: inzwischen aber verdanken es die Streiter mir, daß sie ein vergnügtes Leben haben, und ihre Triumphe mit keinem der Scipionen vertauschen wollen. Auch die Gelehrten, die hierüber recht von Herzen lachen, und sich an dem Wahnsinne Anderer belustigen, sind mir vieles schuldig, und werden es nicht leugnen, wenn sie ja nicht die Undankbarkeit bis ins Unverschämte treiben wollen.

Die Rechtsgelehrten wollen allen Andern den Rang ablaufen. Das ist ein Völkchen, das vor allem austreflich mit sich selbst zufrieden ist.

Wenn man sich einen Begriff von ihrer Arbeit machen will, so mache man sich mit den Bemühungen des Sisyphus, und dem Erfolge derselben, bekannt. In einem Athemzuge stoppeln sie viele hundert Gesetze zusammen. Gehören sie auch zur Sache? Davon ist die Frage nicht. Wenn nur Kunstwörter auf Kunstwörter, Meynungen auf Meynungen, gehäuft stehen; und die Leute wunder denken, welch eine riesenmäßige Arbeit diese Herren zu Stande gebracht haben: denn das, dabey man wie ein Pferd arbeiten muß, das muß ja nothwendig etwas vortrefliches seyn!

Bemerken wir jetzt die Logiker und Sophisten, Leute, die geschwätziger sind, als die Dodonäischen Kessel. Man wähle unter den plauderhaftesten Weibern zwanzig aus; jeder unsrer Helden wird es mit ihnen allen aufnehmen. Doch würden sie noch glücklicher seyn, wenn sie weiter nichts als eine geläufige Zunge hätten; leider haben sie zu viel Galle, und sie erkämpfen sich um den Schatten mit einer solchen Heftigkeit, daß mehrentheils über dem Gekeife die Wahrheit ver=

lohren geht. Doch macht die Eigenliebe auch sie glücklich; mit ein paar Syllogismen versehen, finden sie keinen Anstand, über jede Sache mit jedermann handgemein zu werden. Eigensinn macht sie unüberwindlich, wenn sie auch gleich einen Stentor zum Gegner haen.

Auf diese kommen die durch Bart und Mantel ehrwürdig=gemachte Philosophen, die sich für die einzigen Weisen ausgeben, da alle übrigen Sterblichen blos ein Schatten der Menschheit sind, ein Auskericht der Schöpfung. Allerliebst schwärmen sie, wenn sie unzählbare Welten bauen; das Maaß der Sonne, des Mondes, der Sternen, der Weltkreise, bis auf die Breite eines Haares angeben; die Ursachen der Blitze, Winde, Finsternisse, und aller unerklärbarer Dinge, bestimmen; nirgends so wenig einen Anstand findend, als ob sie die Geheimräthe der Natur, der Baumeisterinn der Dinge, gewesen, und gerad aus dem Rathe der Götter zu uns herabgekommen wären. Inzwischen helfen sie der Natur, mit ihren Muthmaffungen, zu einem recht herzlichen Lachen. Daß sie nichts verstehen, ist schon dieses ein zureichender Beweis: über jedes Ding gerathen sie sich so in die Haare, daß sie nicht aus einander zu reissen sind.

Ob sie gleich nichts wissen, geben sie sich doch für allwissend aus. Ihnen selbst sind sie fremd. Sie sehen die Grube nicht, den Stein nicht, darauf sie gerade zugehen; entweder weil sie blödsichtig sind, oder weil sie ihren Geist an das Umherschweifen gewöhnt haben; und doch prahlen sie, daß sie Ideen, Universalien, getrennte Formen, die ersten Stoffe, Quidditäten, Ecceitäten, sehen, das alles so überfeine Dinge sind, daß ich wohl sagen darf: auch Luchsenaugen seyen zu stumpf dazu. Nie aber verachten sie den unheiligen Pöbel mehr, als wenn sie mit Dreyangeln, Vierecken, Zirkeln, und dergleichen mathematischen Figuren, die in einander verschlungen, verlabyrinthisiert, und mit wie in verschiedene Schlachtordnungen gestellten Buchstaben durchspickt sind, den Ungelehrten einen blauen Dunst vor die Augen machen. Und in diese Classe ge-

hören auch die, welche, um künftige Dinge vor=
her zu sagen, die Gestirne zu Rathe ziehen, und
mehr als magische Wunder versprechen; auch so
glücklich sind, Menschen zu finden, die ihnen
tummen Glauben zustellen.

Vielleicht würd ich am besten thun, wenn
ich bey den Theologen stillschweigend vorüber
gienge, und diese Seite ganz und gar nicht be=
rührte. Diese Art von Menschen trägt den Kopf
gewaltig hoch, und ist ungemein reizbar; ich laufe
Gefahr, daß sie mit tausenderley Folgerungen auf
mich losstürmen; und mir bleibt dann anders
nichts übrig, als zu palinodisieren, wenn ich nicht
für eine Erzketzerinn will ausgeschrien werden.
Wenn sie jemanden auch nur ein wenig ungünstig
sind, so sind sie gleich bereit, ihm mit einem
Bannstrahle einen Schrecken einzujagen. Frey=
lich sind sie unter allen Menschen die, welchen es
am widerlichsten vorkömmt, mich für ihre Wohl=
thäterinn zu erkennen; und doch sind sie auch,
aus verschiedenen nicht unwichtigen Ursachen, in
meiner Schuld: die Eigenliebe, die sich in meinen

Diensten befindet, versetzt sie wie in den dritten Himmel, wo sie alle übrigen Sterblichen, als so viele auf der Erden kriechende Thiere, von ihrer Höhe herab verachten, und beynahe bemitleiden. Mit einem ungeheuern Heer von magisterialischen Definitionen, Conclusionen, Corollarien, expliciten und impliciten Propositionen, sind sie rund umschanzt; so vielerley Ausflüchte stehen ihnen bereit, daß es auch einem Vulkan unmöglich seyn würde, sie zu verstricken; immer bahnt eine Distinction ihnen den Ausweg; auch ist dieses das beste Mittel jeden Knoten zu durchschneiden; schärfer und hurtiger, als jene Art, mit welcher der Richter in Teredos dem, der den Proceß verlohren hatte, den Kopf zu zerspalten pflegte; und zu diesem Ende haben sie sich mit neuausgedachten Wörtern reichlich versehen; Redensarten, die Schauer einjagen.

Verborgene Geheimnisse erklären sie nach ihrem Gutdünken: auf welche Weise die Welt erschaffen und eingerichtet worden; durch welche Canäle sich jene Sündenseuche in die Nachkommenschaft ergossen habe; wie, in welchem Maaße, in welchem Zeitpunkte, Christus in dem Leibe der Jungfrau vollendet worden; wie sich im Abendmahle Accidentien ohne Behausung beherbergt befinden. Doch dieses sind nur gemeine und ausgenützte Dinge. Es giebt andere, die verdienen von grossen und hocherleuchteten Theologen fein behandelt zu werden; wenn diese vorkommen, dann wacht man erst recht auf; zum Exempel: hat Gott einen Zeitpunkt nöthig, wenn er etwas hervorbringt? giebts in Christo verschiedene Sohnschaften? läßt sichs sagen, Gott der Vater haßt den Sohn? hätte Gott sich mit einem Weibe vereinen können, mit dem Satan, mit einem Esel, mit einer Pflanze, mit einem Steine? wie hätte in einem solchen Falle die Pflanze predigen, Wunder thun, aus Kreuz geheftet werden können? was würde Petrus eingesegnet haben, wenn er zu eben der Zeit eingesegnet hätte, in welcher Christi Leib am Kreuze hieng? hätte man alsdann Christum einen Menschen nennen können? wird es nach der Auferstehung erlaubt seyn, zu essen, und zu trinken? O diesen Herren liegt vieles daran, sich zum voraus und in Ewigkeit hinein vor Hunger und Durste zu bewahren! Solcher fein gesponner Possen giebt es eine unzahlbare Menge.

Es fehlt ihnen an noch weit feinern nicht: von Zeitpunkten bey göttlichen Zeugungen; von Notionen, Relationen, Formalitäten, Quiddi=
täten, Ecceibäten; Dingen, die selbst der Argo=
noute Lynceus, der durch eine Mauer hindurch sehen konnte, nie würde entdeckt haben; denn hier muß man, durch die dickste Finsterniß hin=
durch, das sehen, das nirgends ist. Hieher ge=
hören auch ihre Moralsätze, die so seltsam sind, daß die paradoxesten Behauptungen der Stoiker, in Vergleichung mit denselben, eine gemeine und Alletagswaare scheinen würde; zum Exempel es sey ein kleines Verbrechen, tausend Menschen todt schlagen, als auch nur einmal einem Armen am Sonntage den Schuh flicken; man solle ehen=
der die ganze Welt mit aller ihrer Zubehörde zu

Grunde gehen laſſen, als nur die allerkleinſte und
nichtsbedeutendſte Unwahrheit ſagen.

Dieſe ſo feinen Feinigkeiten werden durch eine
Menge von ſcholaſtiſchen Ränken noch mehr be-
feinert; ſo daß man ſich ehender aus allen Laby-
rinthen heraus finden könnte, als aus dem Gewirre der Realiſten, Nominaliſten, Thomiſten,
Albertiſten, Occaniſten, Scotiſten, wer möchte
ſie alle nennen? dieſes ſind nur die vornehmſten:
Hier iſt alles ſo voll von Gelehrtheit, von Schwü-
rigkeit, daß ich wirklich glaube, die Apoſtel müßten mit einem ganz andern Geiſte verſehen ſeyn,
als dem, der ſie ehedem belebte, wenn ſie gezwungen wären, über dieſe Dinge mit dieſem
neuen Geſchlechte von Theologen handgemein zu
werden. Dem Paulus hat es an Glauben nicht
gefehlt, wenn er aber ſagt: „der Glaube ſey eine
Zuverſicht deſſen, das man hofft, und nicht zweifelt an dem, das man nicht ſieht," ſo hat er ihn
nicht magiſtraliter definiert. Er erwieß ſich auf
eine vortrefliche Weiſe liebreich, aber bey ſeiner
Beſchreibung und Eintheilung der Liebe, in dem

dreizehnten Capitel seines ersten Briefs an die Corinther, verräth er wenig Logik. Die Apostel
bezeigten sich bey Einsegnung des Abendmahls
andächtig und fromm; wenn man sie aber ge-
fragt hätte, was sich bey dem Anfang und Fortgange des Erfolgs der Einsegnung ereigne; wie
es mit der Transsubstantiation beschaffen sey;
wie der nämliche Körper an verschiedenen Orten
seyn könne; mit welchem Unterschiede der Leib
Christi im Himmel, am Kreuze, im Abendmahle
gewesen sey; in welchem Zeitpunkte die Transsubstantiation vorgehe, da die Einsegnung durch
Sylben und Worte geschieht, die sich nur nach
und nach aussprechen lassen: o so würden sie
wohl nicht so scharfsinnig geantwortet haben, wie
die Scotisten es heut zu Tage thun.

Die Apostel kannten die Mutter Jesu, aber
welcher von ihnen hat es so philosophisch demon-
striert, wie sie vor Adams Fehler bewahrt worden, als unsre Theologen es thun? Petrus empfieng die Schlüssel, und empfieng sie von dem,
der sie keinem Unwürdigen anvertrauen würde:

und doch weis ich nicht, ob er es verstanden habe (gewiß äussert er nirgends eine solche Spitzfindigkeit) wie auch der, indem sich keine Erkenntniß befindet, den Schlüssel der Erkenntniß habe. Sie tauften allerorten, und lehrten doch nirgends, welches die förmliche, materielle, wirksame, und endzweckliche Ursache der Taufe sey; auch thun sie keine Meldung von einem auslöschlichen und unauslöschlichen Charakter. Sie beteten an, aber im Geiste, und befolgten blos die evangelische Anweisung. „Gott ist ein Geist, und die, so ihn anbeten, müssen ihn im Geist und in der Wahrheit anbeten.". Es zeigt sich aber nicht, es sey ihnen damals geoffenbaret worden, man müsse das an der Wand mit einer Kohle gezeichnete Bildchen mit der nämlichen Anbetung wie Christum selbst anbeten, wenn er nur mit zween emporgestrebten Fingern gezeichnet sey, mit langem Haare, und mit Strahlen sowohl auf dem Wirbel, als auch an beiden Schläfen. Nein, niemand kann zu solchen Einsichten gelangen, der nicht sechs und dreyßig Jahre lang die aristote-

kische und scotistische Physik und Metaphysik durch=
geschwitzt hat.

Die Apostel schärfen die Lehre von der Gnade
ein, nirgends aber zeigen sie den Unterschied zwi=
schen der aus Gnade gegebenen Gnade, und der
begnadigenden Gnade. Sie vermahnen zu guten
Werken; unterscheiden aber nicht zwischen einem
wirkenden Werke, und einem gewirkten. Sie
schärfen oft die Liebe ein, unterscheiden aber nicht
zwischen der eingeflößten, und der erlangten; auch
zeigen sie nicht, ob diese Tugend etwas Zufälli=
ges sey, oder etwas Wesentliches; etwas Erschaf=
fenes, oder etwas Unerschaffenes. Sie verab=
scheuen die Sünde; ich will aber sterben, wenn
sie es kunstmäßig hätten bestimmen können, was
das sey, was wir Sünde nennen; insofern sie
etwann nicht von dem Geiste der Scotisten dessen
belehrt worden. Man wird mich nie dahin brin=
gen können, daß ich glaube, Paulus (man mache
von der Gelehrtheit desselben einen Schluß auf die
übrigen) würde so oft wider spitzfindige Fragen,
Zänkereyen, Wortkriege, geredet haben, wenn

er mit allen jenen feinen Dingen bekannt gewesen wäre; insonderheit, wenn man das rohe und bäurische Gezänke seiner Zeiten mit den mehr als chrysippischen Feinheiten unsrer grossen Meister vergleichen will. Doch muß man auch ihre grosse Bescheidenheit zu rühmen nicht vergessen: wenn sie in den Schriften der Apostel etwas nachlässiges finden, das vor Meister und Gesellen nicht bestehen kann, so fahren sie nicht gleich mit der Verdammnung zu, sondern legen es auf das beste aus; und dieses ist die Ehre, die sie theils dem Alterthume, theils dem apostolischen Namen er= erweisen. Und gewiß würde es nicht billig seyn, so grosse Dinge von ihnen zu fordern, über welche ihr Lehrer nie auch nur ein Wörtchen mit ihnen verlohren hat.

Wenn sie beym Chrysostomus, Basilius, Hie= ronymus, etwas dergleichen antreffen, so spre= chen sie ohne Umschweif: dieses hat man nicht an= genommen. Jene Alten haben die heidnischen Philosophen und die Juden widerlegt; Leute, de= nen es von Natur an Hartnäckigkeit nicht fehlte;

ſie thaten es aber mehr durch Leben und Wunder, als durch Syllogismen; und die Leute, die bekehrt wurden, waren ehrlich=einfältige Leute, die mit Anſpannung alles ihres Witzes nicht im Stande geweſen wären, ein einziges Quoblibet des Scotus zu verſtehen. Nun aber, wo iſt ein Heid, ein Ketzer, welcher vor ſo feinen Subtilitäten nicht ſogleich die Waffen ſtrecken müßte? Es ſey denn, daß er, der Tummkopf, es nicht faſſen konnte; oder unverſchämt genug wäre, es auszuziſchen; oder ſich mit ähnlichen Waffen und Fallſtricken verſehen hätte, ſo daß man im Treffen keinen Vortheil vor einander haben würde; wie wenn zween Zauberer einander beym Kopfe kriegen; oder wenn jeder ein Zauberſchwerdt hat: da würde die Sache ſo wenig zu Ende kommen, als das Gewebe der klugen Frau Penelope.

Wenn die Chriſten (ich rede nach meiner Einſicht) weiſe wären, ſo würden ſie anſtatt jener Scharen von ſchwerfälligen Soldaten, derer man ſich ſeit langem aber nicht mit dem beſten Erfolge bedient, lärmende Scotiſten, hartnäckige Decanisten, unüberwindliche Albertisten, mit dem ganzen Geschleppe der Sophisten, wider Türken und Saracenen senden; man würde (ich zweifle nicht daran) das allerlustigste Gefechte sehen, und einen noch nie gesehenen Sieg. Wo sollte sich eine so kalte Seele finden lassen, die nicht bey der Glut solcher Männer in Flammen gerathen müßte? der allerträgste würde dadurch zur Hurtigkeit angespannt werden; dem Scharfsichtigsten würde hier Staub in die Augen geworfen werden.

Mich deucht bald, ich scheine euch dieses alles nur im Scherze gesagt zu haben. Kein wunder! es giebt ja auch unter den Theologen, den gelehrtesten, solche, denen vor dergleichen elenden (das ist ihr Wort) theologischen Spitzfindigkeiten eckelt. Es giebt derer, die es als eine Gotteslästerung verabscheuen, und es für die höchste Ruchlosigkeit halten, wenn man von so geheimen Dingen, die ehender anzubeten als zu erklären sind, mit einem so unausgespühlten Munde redet; sich darüber mit unheiligen von Heiden ausgesonnenen Grübeleyen erzankt; alles stolz erklärt; und die

Majestät der göttlichen Theologie mit einem frostigen und unsaubern Wörtergemische beschmützt.

Indessen sind sie aufs herrlichste mit sich selbst zufrieden, und klatschen sich Beyfall; mit diesen allerliebsten Kindereyen Tag und Nacht beschäftigt, finden sie die geringste Zeit nicht, nur einmal das Evangelium, oder die paulinischen Briefe, aufzuschlagen. Unter diesen Schulärmlichkeiten bereden sie sich, daß sie die ganze Kirche, die sonst einsinken müßte, mit ihren Syllogismenstützen gerade so aufrecht erhalten, wie der Himmel bey den Dichtern sich auf die Schultern des Atlas steuert. Wie glückselig dünken sie sich nicht auch dann zu seyn, wenn sie Schriftstellen, wie ein Stück Wachs, nach Willkühr bilden und ändern! Wenn diesen ihren Entscheidungen die Unterschrift einiger Scholastiker beygefügt ist, so sehen sie dieselben für ehrwürdiger an, als Solons Gesetze; sie ziehen sie den päbstlichen Decreten vor; sie, als Censoren der Welt, wollen jedermann einen Wiederruf abzwingen, der sich für etwas erkläret hat, das mit ihren mittelbaren und unmittelbaren Folgerungen nicht haarklein übereinstimmt; mit einer schnarrenden Orakelstimme sprachen sie: „dieser Satz ist ärgerlich; dieser vergreift sich an der Ehrbarkeit; dieser riecht nach Ketzerey; dieser klingt nicht gut." Also lässet man weder die Tauf noch das Evangelium, weder Paulus noch Petrus, weder Hieronymus noch Augustinus, ja den so sehr aristotelisierenden Thomas selbst nicht, für christlich gelten, wenn es den Herren Baccalauren nicht einleuchten will: denn ohne ihre Feinheiten läßt sich kein gesundes Urtheil fällen. In der That, wer würde es haben fühlen können, daß der kein Christ sey, der sagen würde; „die beiden Sätze: du, Nachttopf, stinkst, und, der Nachttopf stinkt; ferner, in Hafen sudets, und, der Hafen sudet, lassen sich beide sagen" wenn er nicht bey diesen Weisen zur Schule gegangen wäre. Wer würde die Kirche von solchen Irrthumsfinsternissen befreyt haben, die man nirgends auch nur einmal gelesen hätte, wenn diese Herren nicht so gut gewesen wären, sie mit angehängten grossen Insiglen an das Taglicht kommen zu lassen? Aber, sind sie nicht eben hiedurch für erzglückliche Geschöpfe zu erkennen?

Alles, was sich in den unterirdischen Gegenden zuträgt, beschreiben sie so mit den kleinsten Umständen, als ob sie in selbiger Republik viele Jahre zugebracht hätten. Nach Willkühr bauen sie einen neuen Himmel über den andern; und lassen es zuletzt an dem weiten und schönen Empyreum nicht fehlen, damit es den beglückten Seelen an Raume nicht gebreche, sich zu ergehen, ihre festlichen Mahlzeiten zu halten, oder den Ball zu schlagen.

Mit diesen und tausend dergleichen Schnakereyen haben sie den Kopf so vollgestopft, daß ich glaube, Jupiters mit der Pallas beschwängertes Gehirne sey nicht ausgespannter gewesen, da er die Axt des Vulkans um Hülfe anrief. Kein Wunder also, daß sie in ihren öffentlichen Disputationen den Kopf mit so vielen Binden auf das sorgfältigste umschlungen haben; denn ohne dieses würde er augenblicklich zerplatzen. Auch

dieses macht zuweilen selbst mich zu lachen. Erst
alsdann dünken sie sich recht grosse Theologen
zu seyn, wenn sie eine garstige rothwelsche
Sprache plaudern, und alles so durch einander
hudeln können, daß nur ein ganz zerrütteter Kopf
darinnen Verstand finden kann; denn, für einen
Scharfsinnigen wär es ja ein ewiger Schimpf,
wenn der Pöbel ihn verstehen könnte! Die Würde
des Theologen müßte sich zu tief erniedrigen,
wenn er sich unter die Gesetze der Grammatiker
zwingen liesse. Wunderbare Majestät dieser Män=
ner! sie machen einen Anspruch auf das Vorrecht,
fehlerhaft zu reden. Und doch findet sich auch
mancher Schuflicker im Besitze desselben. End=
lich dünken sie sich erhaben wie Götter zu seyn,
wenn man sie mit einer ehrfurchtsvollen Mine,
als Magister grüßt; ein Titel, in welchem sie
etwas so Grosses zu stecken glauben, als in dem
bey den Juden für unaussprechlich gehaltenen Na=
men von vier Buchstaben. Ein Todesverbre=
chen, sagen sie, würde man begehen, wenn
man MAGISTER NOSTER anderst als

mit grossen Buchstaben schriebe; und auch dann, wenn man das letztere Wort dem erstern vorhersetzte, würd es um die ganze theologische Majestät erbärmlich stehen.

Bald eben so glücklich als diese sind jene, die sich Religiosen und Mönche zu nennen pflegen, und beydes falsch; ein grosser Theil von ihnen weis von der Religion so viel als nichts; und Mönche, daß ist in der Einsamkeit Lebende, sind sie eben so wenig, weil wir uns in allen Strassen an sie stossen. O ja, die elendesten Tropfen würden sie seyn, wenn ich ihnen nicht auf vielerley Weise zu Hülfe käme. Diese Art von Menschen wird gemeiniglich so verabscheut, daß man es für ein böses Zeichen hält, wenn man von ungefehr einem dieser Unglücksvögel begegnet; ich aber mache, daß sie grosse Dinge von sich selbst denken. Sie halten es für den Gipfel der Frömmigkeit, wenn sie so ungelehrt sind, daß sie auch nicht einmal lesen können. Wenn sie ihre vorgezählten und nicht verstandenen Psalmen mit ihrer Eselsstimm in den Tempeln herauskrächzen, so glauben sie dem Häuflein der Frommen die Ohren mit einem Wollustsgefühle zu kitzeln. Einige von ihnen spiegeln aus Habsucht ihre schmutzige Betteley; vor den Thüren brüllen sie um Brod; Gasthäuser, Reisewagen, Schiffe, alles wird von ihnen angerannt, wenn auch gleich den übrigen Bettlern noch so vieles dadurch abgestohlen wird. Also pflegen diese holden Geschöpfe durch ihr garstiges, tummes, bäurisches, unverschämtes Wesen, uns das Muster der Apostel vorzulügen.

Recht zum lachen ists, wie sie alles auf die vorgeschriebene Weise einrichten; kein Mathematiker könnt es genauer auszirkeln; das geringste Versehen würde Todsünde seyn: wie viele Knoten am Schue seyn müssen; von welcher Farbe der Gurt, von welchem Schnitte das Kleid, von welchem Stoffe, wie viele Strohhalme breit, der Gürtel; wie gestaltet, wie viele Scheffel haltend, die Kappe; wie viel Finger breit die Blasse; und wie viele Stunden der Schlaf dauern müsse. Wer sieht nicht, wie unschicklich bey einer so grossen Verschiedenheit des Leibes und auch des Gemüths, eine solche Gleichheit sey? Und doch sind es solche ärmliche Possen, um derentwillen sie nicht nur Andere weit unter sich herabsetzen, sondern auch einander selbst verachten; sie die auf den Besitz einer apostolischen Liebe prahlen, machen sich kein Bedenken, wegen einem anderst gegürteten Kleide, einer etwas bräunern Farbe, den blutigsten Unfug zu stiften.

Einige derselben sind so streng religios, daß sie das feine Hemd unter dem härenen Rocke ja nicht sehen lassen; andere hingegen tragen den Leinwand über der Wolle. Einige wollten viel lieber das giftigste Kraut in die Hände nehmen, als ein Stück Gelds berühren; und doch haben sie keinen Abscheu vor dem Weine, noch von dem Betasten eines Weibes. Es läßt sich nicht genug sagen, wie vielen Fleiß sie alle anwenden, sich in allem von einander zu unterscheiden. Es liegt ihnen nichts daran, Christo ungleich zu seyn, wenn sie nur auch unter einander ungleich sind. Strickträger nennen sie sich, Coleten, Minoriten,

Minimen, Bullisten, Benedictiner, Bernhardiner, Brigittenser, Augustiner, Wilhelminer, Jacobiten; als ob es zu gering wäre, sich Christen zu nennen.

Viele von ihnen zählen so sehr auf Ceremonien und armselige Legenden, daß sie glauben, der Himmel für sich sey nicht im Stande, so verdienstvolle Leute zureichend zu belohnen; sie denken nicht daran, daß Christus auf alles dieses nicht achte, und von den Menschen nur die Beobachtung seines grossen Gebotes fordere, das sich auf die Liebe bezieht. Am Gerichtstage wird der Eine mit seinem aufgedunsenen Bauche prahlen, den man einen vollgestopften Fischkasten nennen könnte; ein Anderer wird von hundert Scheffeln herausgeschriener Psalmen schwatzen; ein Anderer wird Myriaden von Festtagen daher zählen, und wie oft er, des Tags nur einmal essend, den Magen bald bis zum zerplatzen angefüllt habe; ein Anderer wird einen solchen Haufen von Ceremonien daher schleppen, daß man sie auch in sieben Lastschiffe nicht zusammendrängen könnte;

ein Anderer wird sich rühmen, er habe sechzig
Jahre lang nie ein Stück Gelds anderst als mit
Büffelhandschuen berührt; ein Anderer wird in
einer so garstig beschmutzten Mütze einherstrotzen,
daß auch ein Bootsknecht lieber die Ohren abfrie-
ren als sie mit derselben wider den Frost schützen
würde; ein Anderer wird erzehlen, daß er seit mehr
als fünfzig Jahren sein Leben, gleich einem Pfiif-
ferlinge, stets am gleichen Orte zugebracht habe;
ein Anderer wird sich auf seiner durch stetes Singen heischer gewordene Stimme berufen; ein Anderer wird erweisen, daß er sich durch sein ein-
sames Leben die Schlafsucht zugezogen habe; ein
Anderer wird seine durch stetes Schweigen starr-
gewordene Zunge hervorstrecken.

Christus, um diesem sonst nie zu Ende kom-
menden Geprahle abzuhelfen, wird fragen, wo-
her dieses neue Judengeschmeiß entstanden sey?
„Nur ein einziges Gesetze, wird er sagen, erkenne
ich für das meinige; und nur von diesem hör ich
nichts; ehedem versprach ich deutlich, ohne es
in Parabeln zu hüllen, mein väterliches Erbe,

nicht dieser oder jener Kappe, diesem oder jenem Gebetlein, noch dem Fasten, sondern der Liebthätigkeit; ich kenne die nicht, die von ihren Thaten zu groß denken; diese, die das Ansehen haben wollen, als ob sie mich an Heiligkeit übertråfen, mögen, wenn es ihen beliebt, den Himmel der Abraxasianer beziehen; oder sich von denen, deren Legenden sie meinen Geboten vorgezogen haben, einen neuen Himmel erbauen lassen." Wenn sie dieses hören und sehen werden, daß man Matrosen und Fuhrknechte ihnen vorziehe, o stellen Sie meine Herren, sichs einmal vor, mit welchen langen Gesichtern werden die Tropfen einander anstarren! Inzwischen sind sie bey ihrer Hoffnung glücklich, mit welcher sie von meiner Gutmüthigkeit ausgerüstet worden.

Wenn diese Geschöpfe gleich von der Republik ausgeschlossen sind, so hat man sie doch nicht zu verachten; sonderlich die Bettelmönche: denn die Beicht hat sie mit den Geheimnissen eines jeden bekannt gemacht. Freylich halten sie es nicht für erlaubt, aus der Schule zu schwatzen; aber, was geschieht nicht, wenn man ein Glas Wein zu viel im Kopfe hat, und zur Ergötzung etwas Lustiges auf die Bahn bringen will? dann aber tragen sie die Sache nur räthselhaft vor, und verschweigen die eigentlichen Namen. Wenn jemand hier in das Horniſſenneſt ſticht, so wiſſen sie sich in der ersten der besten Predigt redlich zu rächen; durch gewiſſe Umſtände wiſſen ſie ihren Feind auf eine so verſteckte Weiſe zu ſchildern, daß nur die ihn nicht erkennen, die ganz und gar nichts begreifen können. Ihr Gebelle nimmt kein Ende, bis man zu dem Mittel des Eneas greift, der dem Cerberus etwas zum Freſſen in den Rachen warf.

Nein, meine Herren, bey keinem Schauspieler, keinem Marktschreyer, würden sie stehen bleiben, wenn sie einen solchen Prediger auftreten sehen. Freylich giebts da poſſierliche Rednersprünge; sie sind alle den Regeln der Muſter in dieser Kunst auf das lieblichste nachgeahmt. O meine Herren! merken Sie dann wohl auf jede Geberde; wie ſchicklich ändern die Leute nicht ihre

Stimme! ihre Rede ist Gesang; alles an ihnen regt und bewegt sich; niemand versteht besser die Kunst, Gesichter zu schneiden, und mit dem durchdringendsten Geschreye die Gewölker erschallen zu machen. Und diese Rednerkunst pflanzt sich als ein Geheimniß durch die Ueberlieferung von einem Klosterbruder auf den andern fort. Mir freylich, einem Weibe ist die Einsicht in solche Dinge nicht verstattet; ich kann also davon nur so viel sagen, als ich durch Muthmaaßung erhaschen könnte.

Sie vergessen nie, eine Anrufung vorher zu schicken; ein Kunstgriff, den sie den Dichtern abgeborgt haben. Hierauf, wenn sie zum Exempel von der Liebe reden wollen, bringen sie den egyptischen Nilfluß in den Eingang. Wenn sie von dem Geheimnisse des Kreuzes zu reden haben, so lassen sie den Drachen von Babel feyerlich auftreten. Eine Fastenpredigt läßt zuerst die zwölf himmlische Zeichen in ihrer Ordnung vor dem Gesichte der Zuhörer vorbey ziehen. Bey einer Glaubenspredigt muß ihnen die Quadratur des Zirkels den Eingang eröffnen. Ich habe einen Erznarren (ich irre mich; einen Erzgelehrten wollte ich sagen) gehört, der in einer weltberühmten Predigt an Erklärung des Geheimnisses der göttlichen Dreyeinigkeit arbeitete; um seine ungemeine Gelehrtheit auszukramen, und theologischen Ohren ein Vergnügen zu verschaffen, schlug er einen nagelneuen Weg ein: er sprach von Buchstaben, Sylben, Redetheilen, der Uebereinstimmung des Nennworts mit dem Zeitworte, des Hauptworts mit dem Beyworte. Alles war erstaunt und bewunderungsvoll; und Einige murmelten zwischen den Zähnen: was wird zuletzt aus dem verzweifelten Zeuge werden? Endlich leitete er es so ein, daß er in den ersten Grundsätzen der Grammatik das Bild der Dreyeinigkeit den Zuhörern so natürlich vor Augen legte, daß man jeden Mathematiker Trotz bieten könnte, es lebhafter in den Staub zu kritzeln. In Verfertigung dieser Rede durchschwitzte der superlative Theolog ganze acht Monate, und so, daß keine Schärmaus stockblinder seyn kann, als er es heutiges Tages ist: die Geistesspitze zerkratzt ihm die Augenschärfe so ganz erbärmlich. Doch hält der Mann seine Blindheit für keinen Verlust, und findet, daß er einen so grossen Ruhm um einen Spottpreis eingewuchert habe. —

Ich hörte auch einen andern achtzigjährigen Graubart, der so ganz Theolog war, daß man darauf geschworen hätte, der leibhafte Scotus sey in ihm auferstanden. Um das Geheimniß des Namens Jesus zu erklären, bewieß er mit bewunderungswürdiger Scharfsinnigkeit, daß alles, was sich von ihm sagen lasse, bereits schon in den Buchstaben verborgen liege. Weil das Wort nur drey Endungen habe, so sey dieses eine augenscheinliche Darlegung der göttlichen Dreyeinigkeit. Ferner, in den drey Endungen dieses Namens (nämlich Jesus, Jesum, und Jesu) seyen die drey letzten Buchstaben: S, M, und U; hierin liege das unaußsprechliche Geheimniß, er sey Summus, Medius, und Ultimus; der Anfang, die Mitte, und das Ende. Noch war ein viel verworreneres Geheimniß, als es irgend ein mathematisches Problem seyn könnte, zu entwicklen: Er zeigte, wie das aus fünf Buchstaben bestehende Wort Jesus durch den mittlern, ein S, in zween gleiche Theile getrennt werde; nun werde bey den Hebräern dieser Buchstabe Syn genannt; und Syn bedeute (wenn ich nicht unrecht habe) in den schottländischen Sprache so viel als Sünde; folglich sey es sonnenklar, Jesus sey der, welcher die Sünden der Welt wegnehme.

Ein so nagelneuer Eingang zeugte bey jedermann, insonderheit den Theologen, eine so staunende Bewunderung, daß man bald hätte denken sollen, sie seyen gleich der Niobe zu Steine geworden; mir aber wär es beynahe wie dem Priapus gegangen, als er den nächtlichen Gebräuchen der Canidia und Sagana zusah; da war es ihm nicht mehr wie ehedem, als er noch ein feigenbäumener Klotz gewesen; nun konnt er erschrecken; die Wirkung des Schreckens aber schall und roch, zu seinem Glücke, den bösen Weibern so wirksam in Ohren und Nasen, daß sie über Hals und Kopf die Flucht ergriffen.

Ueber einen solchen Erfolg ist sich nicht zu verwundern; denn, bey Griechen und Römern, einem Demosthenes oder Cicero, würde man sich vergeblich nach einem solchen Einschmeichlungseingange umsehen. Eine sich von der Sache entfernende Vorrede hielten sie für einen Fehlschluß. Wirklich auch lehrt die Natur ganz andere Dinge; sogar ein Schweinshirt, der bey der Natur zu Schule gegangen ist, macht so wenig Umschweife, daß er lieber sogleich mit der Thür ins Haus fallen will. Diese Gelehrten hingegen halten ihr Präambulieren alsdann erst für feinrhetorisch, wenn es mit dem Gegenstande ihrer Rede nicht in der geringsten Verwandschaft steht, und die Zuhörer einander zuflüstern: wo wird der Kerl zuletzt noch hingerathen?

Drittens berühren sie nur wie beyläufig und obenhin, gleichsam nur erzehlungsweise, etwas aus dem Evangelium; und doch wär es ihre Pflicht gewesen, sich einzig bey der Erklärung desselben aufzuhalten. Viertens fangen sie wieder eine ganz andere Rolle an, und nehmen eine

Theologalfrage vor die Hand, die sich auf das vorhergehende so schicklich wie eine Faust auf das Auge reimt; denn auch dieses halten sie für kunstmäſſig. Nun fängt der Theolog sich erst recht zu brüsten an; er betäubt die Ohren der Zuhörer mit seinen solennen, subtilen, subtilsten, seraphischen, heiligen, irrefragablen Lehrern, und was dergleichen prächtige Töne mehr seyn mögen. Darauf prahlen sie ihre Syllogismen, Vordersätze, Hindersätze, Folgerungen, Corollarien, frostige Voraussetzungen, und mehr als scholastische Possen, dem tummen Pöbel vor.

Nun ists noch um den fünften Aufzug zu thun, in dem man sich als einen ganzen Meister dargeben muß. Hier ziehen sie ein närrisches und tummes Märchen, ich weiß nicht aus was für einem historienspiegel oder aus Abentheuern der Römer hervor, das sie sodann allegorisch, tropologisch, und anagogisch behandeln. Und auf diese Weise bringen sie ein Wundergeschöpfe zu Stande, das weit lustiger anzusehen ist, als jenes, welches Horaz, gleich anfangs seiner Dichtkunst, vorzuspiegeln getrachtet hat. Weil sie, ich weiß nicht von wem, gehört haben, man müsse die Rede sanft und ohne Geschrey anfangen, so sind sie anfangs so leise, daß sie sich selbst nicht hören; als ob sie Dinge sagen müßten, die niemand verstehen dörfe. Man hat ihnen etwann gesagt, um die Leidenschaften rege zu machen, seyen Ausrufe ein vortrefliches Mittel; sie daher, alldieweil sie ganz sanft reden, erheben unversehens die Stimme zu einem ganz rasenden Geschreye, wo sie es doch nicht im geringsten nöthig hätten. Man würde einen Eid ablegen, daß der Mensch, der nur schreyt, damit er schreye, der Nußwurze benöthigt wäre.

Sie haben gehört, mit dem Fortgange der Rede müsse die Stimme sich erheben; nun, beym Anfange jedes Theiles der Rede sind sie ziemlich gelassen; bald aber fängt die Stimme gewaltig zu lermen an, wenn sie auch die frostigsten Dinge von der Welt sagen; und allemal beym Ende sinken sie so, daß man meynen sollte, von Athem sey nichts mehr in ihnen. Endlich haben sie bey

den Redekünstlern gelernt, daß auch das Lachen=
machen eine Kunst sey; sie sind daher auch be=
flissen, etwas Scherzhaftes einzumischen; aber,
o huldreiche Venus! wie grazienmäßig, wie
schicklich! ists nicht gerade so, wie da der Esel
sich als Lautenschlager hervorthun wollte. Ja,
beissig sind sie etwann auch; doch so, daß sie
mehr kitzeln, als verwunden; wenn sie sich recht
Mühe geben, frey von der Brust zu reden, so
erweisen sie sich als leibhafte Schmeichler. Kurz,
ihr ganzes Betragen ist so, daß man schwören
sollte, sie haben Marktschreyer zum Muster ge=
wählt, können aber dasselbe bey weitem nicht er=
reichen; doch sind sie in gewissem Verstande ein=
ander so ähnlich, daß niemand zweifelt, diese
haben von jenen, oder jene von diesen, die Re=
dekunst erlernt.

Bey allem dem müssen sie mir es verdanken,
daß sie Zuhörer haben, die gauben, sie besitzen
an ihnen mehr, als sie an einem Demosthenes
oder Cicero würden besessen haben. Hieher gehö=
ren insonderheit Krämer und Weiber, denen die

gedachten Redner vorzüglich die Ohren zu kitzlen trachten; denn die Erstern lassen ihnen etwann, für das besänftigende Schmeicheln, etwas weniges von ihrem zusammenbetrogenen Vermögen zukommen; und die Letztern sind, unter vielen andern Ursachen, diesem Orden besonders darum gewogen, weil sie den Grollen, den sie wider ihre Ehemänner haben, in den Schooß desselben auszuschütten pflegen. Man müßte also blind seyn, wenn man nicht sähe, wie tief diese Art von Menschen bey mir in der Schuld sey, da sie durch kleine Ceremonien, lächerliche Possen, und kein kleines Geschrey, die Sterblichen gewissermaaßen beherrschen, und sich mehr als ein Paulus und Antonius zu seyn einbilden. Genug aber von diesen Marktschreyern, die meine Wohlthaten so undankbar verkennen, und sich auf eine ruchlose Weise für fromm ausprahlen.

Es hat mich schon seit langem gelüstet, etwas von Königen und Hofleuten, die sich offenherzig für meine Verehrer angeben, nach Recht und Billigkeit zu berühren. Wenn sie auch nur eine halbe Unze gesunden Menschenverstandes hätten: was könnte traurigers und fliehenswürdigers seyn, als ihr Loos? Nein, derjenige wird sich gewiß nicht durch Meineid und Vatermord auf einen Thron schwingen wollen, der bey sich erwogen hat, welch eine Last auf den Schultern dessen liege, der die Rolle eines Fürsten ehrlich zu spielen gedenkt. Wer am Steuerruder sitzt, hat für das Allgemeine nicht das Eigenthümliche zu sorgen; auf jenes muß er alle seine Gedanken wenden; von Gesetzen, die er selbst gegeben hat, und die er handhaben muß, nicht eines Fingers breit abweichen; auf alles Thun und Lassen der Beamten und Richter ein wachsames Auge haben; denken, die Augen Aller seyen auf ihn gerichtet, wie auf ein günstiges Gestirn; durch ein schuldloses Betragen könne er das Wohlseyn der Menschen ungemein befördern; oder durch eine widrige Aufführung gleichsam zu einem verderblichen Cometen werden; wenn andere Leute Fehler begehen, so haben sie nicht so empfindliche und ausgebreitete Folgen; wenn der Fürst auch nur

ein wenig von dem guten Weg abweiche, so
schleiche sich sogleich eine Sittenpest in die Herzen
vieler Menschen ein; die Glücksumstände eines
Fürsten führen vieles bey sich, das geschickt ist,
vom Guten wegzulocken; zum Exempel Wollust,
Freyheit, Schmeicheley, Ueppigkeit; er könne
nicht genug arbeiten, nicht zu sorgfältig wachen,
um nicht irgendwo von seiner Pflicht weggeteuscht
zu werden; endlich (um von Hinderlist, Haß,
Furcht, Gefahr, nichts zu reden) er habe einen
König über sich, der in kurzem Rechenschaft über
jeden seiner Fehltritte von ihm fordern werde;
und dieses um so viel schärfer, je grösser die ihm
anvertraute Herrschaft gewesen.

Ja, wenn der Fürst dieses, und vieles der≈
gleichen bey sich erwägen wollte (und erwägen
würd er es, wenn er Weise wäre) so würden
ihm wohl weder Schlaf noch Speise schmecken.
Nun aber, Dank sey mir, überlassen die Fürsten
alle diese Sorgen den Göttern, thun sich gütlich,
und gönnen nur denen das Ohr, die es verstehen,
ihnen angenehme Dinge vorzuplaudern, damit

sich ja nichts von Bekümmerniß in ihr Gemüth
einschleichen möge. Sie bereden sich, alle Obli=
genheiten eines Fürsten redlich erfüllt zu haben,
wenn sie fleißig auf die Jagd reiten; stattliche
Pferde halten; obrigkeitliche Stellen und Statt=
halterschaften theuer verkaufen; täglich neue Hand=
griffe aussinnen, das Vermögen der Unterthanen
zu schmälern, und in ihren Schatz zusammenzu=
scharren; dabey aber schützen sie verschiedene Din=
ge vor, um dadurch der ungerechtesten Sache ei=
nen Schein von Billigkeit zu geben; mit vielem
Fleisse mengen sie etwas schmeichlendes ein, um
ja das Herz des Volkes nicht ganz zu verlieren.

Stellen Sie sich, meine Herren, einen Men=
schen vor (denn zuweilen wird es so ungefehr ein=
treffen) der von den Gesetzen so viel als nichts
versteht, beynahe ein geschworner Feind des ge=
meinen Besten ist, blos auf seine Gemächlichkei=
ten sieht, Wollüsten ergeben ist, Gelehrtheit,
Freyheit und Wahrheit haßt, an nichts weniger
als an die Wohlfahrt des gemeinen Wesens denkt,
alles nach seiner Lüsternheit und seinem Eigen=

nutzen abmißt; hängen Sie ihm dann eine goldene Kette um, das Zeichen der Uebereinstimmung zusammenhängender Tugenden; setzen Sie ihm eine mit Edelsteinen bereicherte Kron auf, die ihn erinnern soll, er müsse an allen Heldentugenden jedermann übertreffen; versehen Sie ihn mit einem Zepter, dem Merkmahle der Gerechtigkeit und einer wider alle Bestechungen bewaffneten Seele; kleiden sie ihn endlich in Purpur, um anzudeuten, daß er für das Wohlseyn des Volkes eine inbrünstige Liebe habe. Wenn der Fürst solche Verzierungen mit seinem Leben zusammenhalten wollte, so deucht mich, er würde sich seines Putzes schämen, und fürchten, ein naseweiser Dollmetsch möchte dieses Theatergepränge spöttisch ins Gelächter ziehen.

Was soll ich von den vornehmen Hofschranzen sagen? gemeiniglich ist nichts abhänglichers, knechtischers, abgeschmackteres, niederträchtigeres zu finden, und doch bereden sie sich, daß ihnen nichts beykomme. Ja, in einer einzigen Sache sind sie überaus bescheiden: zufrieden, daß

sie Geld, Edelgesteine, Purpur, und die übrigen
Zeichen der Tugenden und der Weisheit, an ihrem Leib umherschleppen können, lassen sie sichs
großmüthig gefallen, daß Andere die bezeichneten
Dinge sich anschaffen. Sie glauben sich über-
glücklich zu seyn, daß sie den König ihren Herren nennen dürfen; daß sie gelernet haben, ihn
mit ein paar Worten sinnreich anzureden; daß
sie es verstehen, wo die Titel, Eure Königliche
Hoheit, Eure Majestät, und so weiter schicklich
anzubringen seyn; daß sie das Gesicht in verschiedene Falten legen, und eine Schmeicheley
artig anbringen können. Dieses, dieses sind die
Künste eines Edelmannes, eines Hofmannes.
Wenn man ihr übriges Leben genauer beym Lichte
betrachtet, so findet man sie noch schöpsenmäßi-
ger, als es ehedem die Phäacier waren, oder die
Freywerber der Penelope, oder — wenn Sie,
meine Herren, noch mehrere wissen wollen, so
schlagen Sie den Horaz nach, denn eben gefällts
mir nicht, sein Echo zu spielen.

Der vornehme Mann ſchläft bis gegen Mittag. Beym Aufſtehen kömmt der wohlbezahlte Caplan, und thut geſchwind das, dazu er amtsmäſſig gedungen iſt. Dann zum Frühſtücke. Bald darauf zum Mittagsmahle. Hierauf Karten, Würfel, Poſſenſpiele, Stocknarren, Spöttereyen, liebes Frauenzimmer. Etwas zum Abendbrode. Darauf zur Nachtmalzeit. Auch beym Nachtiſche giebts Abwechslungen. Alſo, ohne ſich das Leben abzugrämen, verſtreichen Stunden, Tage, Monate, Jahre, Jahrhunderte. Mir ſelbſt iſt es zuweilen ſo, als ob ich mich mit Vergnügen vollgepropft hätte, wenn ich dieſem Hochleben zugeſchaut habe. Jede der Nymphen meynt, den Göttern um ſo viel näher zu ſeyn, je länger die Schleppe ihres Rockes iſt; die Hofleute zerſtoſſen ſich die Ellbögen gewaltig, um dem Fürſten näher zu kommen, und für den gröſſern Günſtling angeſehen zu ſeyn. Jeder ſchmeichelt ſich um ſo viel mehr, je gewichtiger ſeine Halskette iſt; als ob er nicht nur ſeinen Reichthum ſondern auch ſeine Stärke zugleich aufzuwei-

Das Betragen der Fürsten hat schon seit langem, Päbste, Cardinäle und Bischöffe, zu unermüdeten Nacheiferern; und bald haben diese jenen den Vorzug abgelaufen. Was bedeutet das schneeweise Gewand? Ein durchgehends schuldloses Leben. Was die zweyhörnichte Inful? ein Band vereint die beyden Spitzen, und bezeichnet die Einsicht in das Alte und Neue Testament. Was die Handschue? die reine und vor aller irdischen Verunreinigung gesicherte Ausspendung der Sacramente. Was der Hirtenstab? rathsame Besorgung der anvertrauten Heerde. Was das vorhergetragene Kreuz? den Sieg über alle menschlichen Leidenschaften. Wer dieses, und vieles dergleichen bey sich erwägen wollte, der würde ein betrübtes und grämliches Leben führen? Aber herrlich haben sie die Sache eingerichtet: sie weiden sich selbst. Die Sorge für die Schafe empfehlen sie Christo, oder überlassen sie ihren Stellvertretern. Nicht einmal an ihren Titel denken sie; er würde sie an die Arbeit, Sorge, Bekümmerniß eines Bischoffs erinnern.

Ja, wenn es um Geldſammlen zu thun iſt, dann erinnern ſie ſich, Biſchoff bedeute einen Aufſeher, und ſie haben die Augen ganz offen.

Die Cardinäle ſollten freylich denken: wir ſind an die Stelle der Apoſtel gekommen; was ſie thaten, wird auch von uns gefordert; wir ſind nicht die Herren der geiſtlichen Gaben, ſondern nur die Verwalter derſelben; in kurzem werden wir darüber die genauſte Rechenſchaft abzulegen haben; was bedeutet unſer weiſſes Gewand? die höchſte und erhabenſte Unſchuld des Lebens. Was der Purpur darunter? die inbrünſtigſte Liebe gegen Gott. Was der ſo weite Obermantel, daß er das ganze Maulthier Seiner Eminenz bedecket, ja ein Kameel, bedecken könnte? eine weit ausdehnte Liebe, die ſich jedermanns annimmt; lehrt, ermahnt, beſtraft, erinnert, Streitigkeiten ſchlichtet, ruchloſen Fürſten widerſteht, und willig nicht nur Reichthümer, ſondern das Blut ſelbſt, zum Beſten des Chriſtenvolkes aufopfert. Aber wozu ſolche Reichthümer für Statthalter der armen Apoſtel?

Ja, wenn ſie dieſe Dinge bedenken wollten, ſo
würden ſie ſich keine Mühe geben, dieſe Würde
zu erhalten; oder ſie würden ſich ihrer mit Freuden entſchlagen; oder ſie würden nach der Weiſe
der alten Apoſtel ein ganz arbeitſames und ſor-
genvolles Leben führen.

Wenn die Päbſte, Chriſti Statthalter, ſeinem Leben nachzueifern trachteten, nämlich ſeiner
Armuth, ſeinen Arbeiten, ſeiner Lehre, ſeinem
Kreuze, ſeiner Verachtung des Lebens; wenn
ſie auch nur an den Namen Pabſt, daß iſt, Vater, oder an den Beynamen Allerheiligſter,
dächten: was würde dann auf Erden trauriger's
ſeyn? wer würde ſein Vermögen zur Erkaufung
dieſer Stelle anwenden? wer würde Schwerdt,
Gift, und jede Gewaltthat hervorſuchen, um
ſich auf der erkauften Stelle zu behaupten? wie
viele Bequemlichkeiten würden wegfallen, wenn
ſie einmal der Weißheit Gehör geben! Der Weißheit, ſage ich? Ja, wenn ſie auch nur ein Körn-
lein des von Jeſu gelobten Salzes in ſich hätten!
So viele Reichthümer, Ehren, Herrſchaft, Siege,

Pflichten, Verwaltungen, Zölle, Abläſſe, Pferde, Maulthiere, Trabanten, Wollüſte, Ergötzlichkeiten. O welch einen Reichthum von Herrlichkeiten hab ich in wenige Worte zuſammengefaßt! einen ganzen Jahrmarkt, eine ganze Erndte!

An die Stelle dieſer Dinge würden ſchlafloſe Nächte kommen, Faſten, Thränen, Gebete, Predigten, Tiefſinnigkeiten, Seufzen, und tauſenderley dergleichen jämmerliche Arbeiten. Hiezu kommen ſo viele Schreiber, Copiſten, Notäre, Advocaten, Promotoren, Secretäre, Eſeltreiber, Roßkamme, Schmarotzer, Unterhändler, Gelegenheitmacher; und ich hätte bald noch etwas ſchändlichers hinzugeſetzt, wenn ich nicht die Ohren ſchonen wollte. Kurz, eine ſo groſſe Menge von Menſchen, die dem Sitze zu Rom zur Laſt fällt (nein, ich irre mich, Ehre macht) würde ſich des Hungers nicht verwehren können. Ja, unmenſchlich, abſcheulich wäre dieſes; aber noch weit verruchter, wenn man ſogar die oberſten Fürſten der Kirche, dieſe wahren Lichter der Welt, an den Bettelſtab bringen wollte. Jetzt

aber wird alles, was nur ein wenig mühsam ist,
einem Petrus und Paulus überlassen, die dazu
Zeit und Musse genug haben. Was prächtig
und angenehm ist, behält man weislich für sich
selbst.

Also geschieht es durch meine Vermittlung,
daß bald keine Art von Menschen weichlicher lebt,
unbekümmerter. Sie glauben, ihrer Christen=
pflicht vollkommen zu entsprechen, wenn sie in
einem mystischen und beynahe theatralischen Auf=
putze, mit Ceremonien, mit Titeln, die alles
was heilig ist, in sich schliessen, und mit Segnen
und Verwünschen, Bischoffe spielen. Wunder
thun ist etwas veraltetes, und den heutigen Zei=
ten ganz und gar nicht angemessen; das Volk
lehren, ist knechtische Arbeit; die Schrift erklä=
ren, schulfüchsisch; beten, Zeitverschwendung;
weinen, elend und weibisch; arm seyn, schänd=
lich; sich besiegen lassen, schimpflich, und dem
unanständig, der kaum die grösten Könige zum
heiligen Fußkusse läßt; sterben, unangenehm;
sich ans Kreuz schlagen lassen, ein Schandfleck.

Es bleiben ihnen keine andern Waffen und sanfte Segnungen übrig, als die, deren Paulus (Röm. 16. 18.) Meldung thut; und mit denselben sind sie gewiß sehr freygebig: Interdictionen, Suspensionen, Aggravationen, Anathematisationen, Verdammungsgemählde, und der entsetzliche Bannstrahl, der schon einig ein Stand ist, die Seelen der Sterblichen mit einem Winke bis in die unterste Hölle zu stürzen.

Die in Christo allerheiligsten Väter, und Statthalter Christi, schiessen solche Pfeile wider niemanden schärfer los, als wider die, welche sich durch den Teufel verleiten lassen, das Patrimonium des Petrus zu schmälern. Dieser Apostel sagt im Evangelium: „Wir haben alles verlassen, und sind dir nachgefolgt" und doch nennt man Landgüter, Städte, Zölle, Schätze, Herrschaften, das Patrimonium desselben. Um solcher Dinge willen ergreift sie der Eifer Christi; mit Feuer und Schwerdt vertheidigen sie den Besitz derselben, wenn gleich noch so viel Christenblut darüber vergossen wird; dann erst glauben sie, daß sie die Kirche, die Braut Christi, apostolisch vertheidigt haben, wenn die sogenannten Feinde tapfer abgetrieben worden. Als ob es schädlichere Feinde der Kirche gebe, als gottlose Päbste, die durch ihr Stillschweigen Christum lassen zernichtet werden, ihn durch eigennützige Gesetze binden, durch erzwungene Auslegungen schänden, durch ein vergiftendes Leben tödten.

Durch Blut wird die christliche Kirche gezeugt, befestigt, ausgebreitet; jetzt; als ob kein Christus mehr wäre, der die Seinen auf seine Weise beschützen könnte, wird seine Sache durch das Schwerdt betrieben. Um den Krieg ist es etwas so unmenschliches, daß man ihn den wilden Thieren überlassen sollte; nach der Meynung der Dichter ist er ein Geschenk der Furien; er ist eine solche Pest, daß die Sitten dadurch ganz und gar verdorben werden; etwas so ungerechtes, daß er durch die schlimmsten Straßenräuber am besten betrieben wird; so ruchloses, daß er mit Christo nicht in der geringsten Gemeinschaft steht; doch setzt man alles übrige hindan, und betreibt nur diesen. Man sieht Graukopfe, die sich hier jugendlich = munter erweisen, keinen Aufwand sich dauern lassen, durch kein Arbeiten ermüdet, durch nichts abgeschrekt werden, wenn es zu thun ist, die Religion, den Frieden, alle Menschlichkeit, in die äusserste Zerrüttung zu setzen. Es fehlt auch an gelehrten Fuchsschwänzern nicht, die diese handgreifliche Tobsucht, Eifer, Frömmigkeit, Tapferkeit nennen. Sie haben einen Weg ausgedacht, auf dem man dem Bruder den Dolchen durch das Herz jagen kann, ohne sich an dem Gebote Christi von der Nächstenliebe zu vergreifen.

Ich bin noch nicht mit mir einig, ob einige deutsche Bischöffe hier gelernt oder gelehrt haben; ganz geradezu, Gottesdienst, Segen, und andere dergleichen Ceremonien, an einen Nagel hängend, völlige Satrapen zu spielen; so, daß sie es bald an einem Bischoffe für Feigheit und Unanständigkeit halten, irgendwo sonst, als in einer Schlacht, Gott die tapfere Seele zu übergeben. Gemeine Priester würden sichs zur Sünde rech=

neu, von der Heiligkeit ihrer Prälaten abzuarten. O man sehe, wie kriegerisch sie die Rechte der Zehnten mit Schwerd, und Spieß, und Steinen, und allen Arten von Kriegsgeräthe vertheidigen! Vortreflich scharf sind ihre Augen, wenn es zu thun ist, aus alten Schriften etwas heraus zu grüblen, dadurch sie dem armen Pöbel einen Schrecken einjagen, und darthun können, daß ihnen noch mehr als nur der Zehnden gebühre; inzwischen haben sie es ganz vergessen, wie vieles man hin und wieder von ihren Pflichten gegen die Lügen lese; und doch sollte wenigstens ihr beschorner Scheitel sie erinnern, ein Priester müsse von allen Lüsten dieser Welt frey seyn, und blos himmlischen Dingen nachsinnen. Die allerliebsten Männerchen sprachen, sie haben sich ihrer Amtspflicht redlich entladen, wenn sie ihre Bebeterchen so herausgemurmelt haben, das ich mich ich weiß nicht zu was verwundern sollte, wenn irgend ein Gott es hört, oder versteht; denn sie selbst hören und verstehen es kaum, wenn sie es aus dem Maule herausdrängen.

Doch stimmen Priester und Layen dieserts überein: wenn es um Einerndten zu thun ist, so ist alles ungemein wachsam, und die dahin gehörenden Gesetze sind jedermann bekannt; wenn sich aber etwas Lästiges zeigt, o da wirft Einer es weislich auf die Schultern des Andern; man sollte meynen, beym Ballspiele zu seyn. Wie Fürsten die Regierungssachen ihren Räthen, und diese wieder den Unterbeamten, übertragen: so überlassen die grossen Cleriker, aus Bescheidenheit, den Fleiß der Gottseligkeit ganz dem gemeinen Manne; dieser sendet ihn an die sogenannten Geistlichen, als ob er mit den geistlichen Geschäften nichts zu thun, und durch das Taufgelübd zu nichts dergleichen verpflichtet wäre; die sogenannten Secularpriester wählen (als ob sie sich nicht Christo sondern der Welt gewidmet hätten) diese Last auf die Regularen; die Regularen auf die Mönche; die strengern müssen sie von den weniger strengen annehmen; alles fällt zuletzt auf die Bettelmönche; doch wissen auch diese es auf die Cartheuser zu schieben, bey welchen einzig die

Frömmigkeit begraben liegt; denn wirklich liegt sie da so verborgen, daß schwerlich jemand sich wird rühmen können, etwas davon gesehen zu haben. Also weihen Päbste, die in der Gelerndte unermüdet sind, jene allzupostolischen Arbeiten an die Bettelbrüder, diese wieder an solche, welche den Schafen alle Wolle abscheren.

Doch, hieher gehörts nicht, das Leben der Päbste und Priester durch die Musterung gehen zu lassen; man würde sonst denken, es sey mir um eine Satire, und nicht um eine Lobrede zu thun; und man würde auf den Argwohn gerathen, ich wolle gute Fürsten durch die Hechel ziehen, indem ich böse lobe. Ich habe aus keiner andern Ursache auf diese Dinge gedeutet, als daß man es desto deutlicher einsehen möge, kein Sterblicher könne ein wonnevolles Leben führen, so lang er nicht zu meinem Dienst eingeweiht ist, und in meiner Gunst steht. Denn, wie solle dieses möglich seyn, da selbst die rhamnusische Göttinn, die Beglückerinn aller menschlichen Dinge, mit mir so sehr unter dergleichen Decke liegt, daß

sie sich jenen Weisen stets im höchsten Grade feind=
selig erwiesen, und hingegen den Narren auch im
Schlaf alles Gute zugeschanzet hat. Ihnen,
meine Herren, wird jener Timotheus bekannt
seyn, der athenienſiſche Feldherr, den man das
Glückkind zu nennen pflegte; von ihm kömmt das
Sprüchwort her: „dem schlafenden Fischer hüpfen
die Fische ins Garn" und: „ihn begünſtigt die Eule
der Minerva" von dem Weisen hingegen heißts
„erſt unter einem böſen Planeten gebohren; im=
mer reutet er ein ſtolperndes Pferd; ſein Gold iſt
Flitterwaare." Doch, genug geſprüchwörtelt;
man möchte ſonſt glauben, ich habe den Adagien=
kaſten meines Erasmus geplündert.

Ich lenke wieder ein. Die Göttinn des Glücks
liebt die Schwindelköpfe, die Tollkühnen, die al=
les aufs Spiel ſetzen. Die Weisheit macht ſchüch=
tern; daher ſieht man, wie die Weisen mit der
Armuth kämpfen, den Magen voll Hungers, und
den Kopf voll Winds haben, und ein verachtetes
unberühmtes, verhaßtes Leben führen. Den Nar=
ren regnet das Geld zu; ſie ſitzen am Steuerruder;

alles ist blühend bey ihnen. Wenn es einmal ein Glück ist, grossen Fürsten zu gefallen, und unter meinen Günstlingen, den mit Edelgesteinen behangenen Erdengöttern, seinen Wandel zu führen: was kann unnützers seyn, was von diesen Menschengeschöpfen mehr verabscheutes, als die Weisheit? Wenn es um Reichthümer zu thun ist, wie wird es um den Gewinn des sich auf der Weisheitsjagd vertändelnden Kaufmannes stehen! wenn ein Meineid ihm ein Stein des Anstosses ist? wenn er, auf einer Lüge ertapt, roth wird? wenn er sich um die Gewissensgrübeleyen der Weisen, über Diebstal und Wucher, nur ein Haar bekümmert. Wer sich nach den Ehrenstellen und Gütern der Kirche bestrebt, muß sich der Weisheit hurtig entschlagen, sonst wird jeder Esel, jeder Büffel, ihn überlaufen. Wenn Sie, meine Herren, eine Neigung zur Wollust haben, so lassen Sie sich berichten, daß ein Mädchen (ein solches wird Ihnen wohl im Kopfe stecken) einem Narren von ganzem Herzen gewogen ist, und den Weisen wie einen Scorpion verabscheut und flieht.

Wenn es Ihnen um ein lustiges Leben zu thun ist,
o so lassen Sie sich ja keinen Weisen mehr kom̃
men, und wählen Sie sich lieber den ersten den
besten Dumm̃kopf zum Gefehrten. Kurz, wohin
man sich immer wendet, an Päbste, Fürsten,
Richter, Obrigkeiten, Freunde, Feinde, Hohe,
Niedere, alles richtet sich nach dem Gelde. Frey=
lich verachtet der Weise das Geld; aber, es läßt
sich auch recht angelegen seyn, ihn zu fliehen.

Ja, meine Herren, wenn man einmal an=
fängt, sich zu loben, so verliert man Maaß und
Ziel; und doch muß jede Rede einmal zu Ende
gehen. Auch ich werde zu reden aufhören, aber
dann erst, wenn ich mit wenigem werde gezeigt
haben, es fehle nicht an grossen Schriftstellern,
die mich durch Feder und Leben berühmt gemacht
haben; sonst würd ich bloß eine arme Närrinn zu
seyn scheinen, die niemanden als sich gefällt; auch
würden die Herren Gesetzbrechsler es mir zur
Schande rechnen, daß ich nicht citire. Nun
denn, nach ihrem Beyspiele will in das Kreuz
und in die Quer citiren. Erstlich hab ich weis

nicht wo gelesen, „wo es am Wesentlichen fehle, sey das Scheinbarste das beste." Auch der Schuljugend selbst pflegt man es einzuschärfen, „gelegentlich den Narren zu spielen, sey grosse Weisheit." Schon hieraus wird man den Schluß ziehen können, um die Narrheit müsse es etwas vortrefliches seyn, weil auch ihr täuschender Schatte, und ihre blosse Nachahmung, von den Gelehrten so sehr herausgestrichen wird. Horaz, der sich selbst ein fettes und glänzendes Schwein aus Epikurs Heerden betittelt, sagts recht ehrlich heraus, „in die Weisheit müsse sich Narrheit mischen," nur hätt er der Narrheit nicht das Lumpenwörtchen „kurzdaurend" vorhersetzen sollen. Eben dieser sagt auch, „schicklich den Narren zu treiben, macht Vergnügen;" und „besser ists, ein Narr und Tölpel zu scheinen, als Weise zu seyn, und ausgezischt zu werden." Homer trachtet seinen Telemach wo möglich bis in den Himmel zu erheben, und doch nennt er ihnen zuweilen einen närrischen Jungen; und ein gutes Zeichen für jeden ist es, den die Dichter mit diesem Beynamen be-

ehren. Was enthält die heilige Ilias anders,
als den Zorn närrischer Könige und Völker? Ci=
cero redet mein Lob frey heraus, da er sagt „die
Welt ist ganz mit Narren bevölkert." Und wer
weiß nicht, daß jedes Gute um so viel vortrefli=
cher sey, um so viel ausgedehnter es ist?

Vielleicht stehen diese Schriftsteller bey den
Christen in schlechten Rufe; ich will daher, wenn
man es für gut findet, mein Lob auch auf Stel=
len der heiligen Schrift steuern oder gründen.
Euch aber, ihr Herren Theologen, muß ich zu=
vor in Demuth um Erlaubniß dazu bitten; und
weil ich ein schweres Werk beginne, und es viel=
leicht ein Verbrechen wäre, die Musen von ihrem
Helikon, eine so weite Strecke, zum zwey=
tenmale herab zu bemühen, insonderheit da ihnen
mein Gegestand etwas fremd seyn möchte: so
wirds vielleicht verträglicher seyn, daß mitlerweil,
alldieweil ich die Rolle eines Theologen spiele, und
mich durch so dörnichte Wege hindurchreisse, die
Seele des Scotus, spitziger als ein Igel oder
Stachelschwein, in meine Brust wandere, aber

sich bald wieder wegtrolle, wohin es ihr dann belieben wird, wenn es auch auf den Rabenstein seyn sollte.

Möcht ich mein Gesicht ändern, und mich recht theologisch aufstutzen können! Ich fürchte aber anbey auch, man werde mich eines Diebstals beschuldigen, daß ich so vieles theologisches Zeug aus meiner Ficke hervorziehend, die Schräuke der grundgelehrten Männer heimlich geplündert habe. Man hat sich aber nicht groß zu verwundern, wenn ich in meinem langen und genauen Umgange mit den Theologen, etwas erhascht habe; dann hat nicht auch jener Holzbock, der Gott Priapus, beym Lesen seines Herrn und Meisters, einige griechische Wörter bemerkt und im Gedächtnisse behalten? und Lucians Hahn, der lang unter den Menschen lebte, hat er nicht auch wie ein Mensch geplaudert? Wohlan denn; Glück zum Unternehmen!

Der Prediger schreibt im ersten Capitel: „die Zahl der Narren ist unendlich." Nun, sollte die unendliche Zahl nicht alle Sterblichen in sich schliessen; ausser einige wenige; aber, wer ist so glücklich gewesen, diese zu sehen? Noch offenherziger sagt Jeremias im zehnten Capitel, die Sache heraus: „durch ihre Weißheit sind alle Menschen zu Narren geworden." Gott einzig legt er Weisheit bey, und wirft den Menschen überhaupt die Narrheit zum Erbtheile hin. Kurz vorher hatte er gesagt „der Mensch rühme sich nicht in seiner Weißheit." Warum, ehrlicher Jeremia, soll der Mensch sich nicht in seiner Weißheit rühmen? Auf diese Frage würd er anders nichts sagen, als: weil er keine Weisheit besitzt. Ich komme wieder auf den Prediger. Da er ausruft: „Eitelkeit der Eitelkeiten; alles ist eitel," so wird wohl niemand glauben, daß er dadurch etwas anders habe andeuten wollen, als was bereits gesagt worden: das menschliche Leben sey ein bloses Narrenspiel. Dieses legt dem auf mich verfertigten und bereits angeführten Lobspruche des Cicero seine Stärke bey: es wimmle alles von Narren. Wenn jener weise Mann ferner sagt: „der Narr ändert sich wie der Mond, der Weise bleibt wie die Sonne" was sagt er dadurch anders, als: das ganze Menschengeschlecht sey närrisch, und Gott allein gebühre der Titel eines Weisen? denn, durch den Mond besteht man die menschliche Natur; durch die Sonne hingegen Gott, die Quelle alles Lichtes. Christus stimmt in dem Evangelium diesem bey, da er sagt, man müsse Gott allein gut nennen; nun, wenn jeder Unweise ein Narr, jeder Gute aber ein Weiser ist, wie die Stoiker lehren, so folgt nothwendig, daß alle Sterblichen närrisch sind.

Salomon sagt im fünfzehnten Capitel seiner Sprüche: „die Narrheit macht dem Narren Freude;" er gesteht es also rund heraus, ohne die Narrheit habe dieses Leben nichts angenehmes. Hieher gehört auch dieses: „wo viele Weisheit ist, da ist viel Schmerzen; und wo viel Verstand ist, grämt man sich sehr." Eben hievon redet auch dieser vortrefliche Prediger, im siebenden Capitel: „das Herz der Weisen ist bey der Traurigkeit; das Herz der Narren bey der Freude." Es war ihm nicht genug, daß er sich mit der Weisheit

bekannt machte, nein, er wollte zugleich mich kennen. Wer mir auf mein Wort nicht glauben will, der höre seine Worte des ersten Capitels: „ich habe mein Herz darauf gesetzt, zu wissen was Klugheit und Lehre, was Irrthümer und Narrheit seyen." Hier ist zu bemerken, daß er aus Ehrerbietung für die Narrheit sie zuletzt genennet hat; denn der Prediger schreibt (und bekanntermaaßen ist dieses die Predigerweise) der, welcher an Würde der erste ist, solle die letzte Stelle einnehmen; und hiemit stimmt das evangelische Gebot überein.
: Daß die Narrheit der Weisheit vorzuziehen sey, sagt auch deutlich jener Ecclesiasticus, wer er immer gewesen, in seinem vier und vierzigsten Capitel. Doch nein, meine Herren, ich werde seine Worte nicht ehender anführen, als bis sie mir (beym Herkules sey es geschworen) gewisse Einleitungsfragen, wie es beym Plato die machen, welche sich mit dem Socrates unterreden, richtig beantwortet haben. Nun, schickt sichs besser, etwas seltenes und kostbares zu verbergen, als etwas gemeines und geringes? Wie! Sie

schweigen? Gut! wenn Sie gleich mäuseſtill da
ſtehen, ſo ſoll das Sprüchwort der Griechen für
Sie antworten: "Den irdenen Waſſerkrug läßt
man an der Thür ſtehen." Nein, niemand ver-
ſündige ſich durch Verſpottung dieſes Sprüch-
worts; wir finden es bey dem von unſern Mei-
ſtern göttlich verehrten Ariſtoteles. Würde,
meine Herren, einer von Ihnen Narrs genug
ſeyn, ſeine Edelgeſteine und ſein Geld auf die
Straſſe hinaus zu legen? Im innerſten Zimmer,
in den geheimſten Winkeln eiſerner Küſten, werden Sie es verſchlüſſen; was Sie öffentlich liegen
laſſen, muß wirklich ein Quark ſeyn. Wenn man
alſo das Koſtbare verſchließt, und das Schlechte
öffentlich liegen läßt: folgt nicht deutlich, die
Weisheit, die er zu verbergen verbietet? Nun
möge man ſeine eigenen Worte hören. "Der
Menſch, der ſeine Narrheit verbürgt, iſt beſſer,
als der Menſch, der ſeine Weisheit verbirgt."

Die heiligen Bücher ſchreiben auch der Narrheit ein aufrichtiges Gemüth zu, alldieweil der
Weiſe meynt, daß niemand ihm zu vergleichen

sey. Einmal versteh ich es so, was der Prediger im zehnten Capitel sagt. "Wenn der Narr auf der Strasse geht, so glaubt er, weil er närrisch ist, jeder, der ihm begegnet, sey ein Narr." O welche Redlichkeit! er achtet jeden so gut als sich; er, da jedermann hohe Gedanken an sich selbst hat, theilt seinen Ruhm mit jedermann. Ein so grosser König schämte sich auch dieses Beynamens nicht, da er im dreyßigsten Capitel sagt: "Ich bin der Närrischste unter den Menschen." Und auch Paulus, der Heidenlehrer, bezeugt in seinem Brief an die Corinther, daß er sich den Titel eines Narren sehr wohl gefallen lasse: "als ein Narr (spricht er) sag ich es; mehr als irgend ein anderer" als ob er sich's zur Schande rechnete, an Narrheit übertroffen zu werden. Freylich widersprechen mir einige Nasenweise, die sich mit ihrem Griechischen brüsten, die heut zu Tage, recht krähenmäßig, die Augen so vieler Theologen auspicken, und ihren Auslegungsquark Andern aufdringen wollen; und hier kann mein Erasmus (den ich oft aus Hochachtung nenne) Anspruch wo nicht auf die erste doch auf die zweyte Stelle machen. Ja (rufen sie) sich so auf die angeführte Stelle zu beziehen, ließ sich wirklich von niemanden als von der Narrheit erwarten; der Apostel hatte was ganz anders im Sinn, als ihm hier angeträumt wird; in diesen Worten ist es ihm nicht darum zu thun, daß man ihn für närrischer als Andere halten solle, sondern er sagt: „sie sind Diener Christi, und auch ich bin es;" und sich gleichsam rühmend, daß er den übrigen nicht nur gleich sey, sondern sie diesorts noch übertreffe, setzt er hinzu, „noch mehr als sie." Damit man aber nicht denken möge, er sage dieses aus Stolze, verwahrt er sich durch den Zusatz, er habe thöricht geredet. „Als ein Unweiser (spricht er) sag ich es," denn bekanntermaaßen haben die Narren das Vorrecht, Dinge zu reden, an denen man sich aus ihrem Munde nicht ärgert.

Was Paulus, da er das obige geschrieben, bey sich gedacht habe, überlaß ich diesen Herren, es auszufechten. Ich trete in die Fußtapfen der grossen, fetten, dicken und den meisten Beyfall erhaltenden Theologen; denn (beym Jupiter!) ein grosser Theil der Lehrer will lieber mit diesen irre gehen, als mit jenen griechischen, lateinischen, und hebräischen Dreyzünglern den richtigen Weg einschlagen. Auf ihre Reden achtet man so wenig als auf ein Krähengewäsche; insonderheit da ein ruhmvoller Theolog (*) (dessen Namen ich mit Vorbedacht verschweige, damit nicht eine griechische Krähe das „der Esel bey der Leyer" spöttisch ausrufe) diese Stelle theologisch=meisterhaft erklärt. Mit den Worten „als ein Unweiser sag ich es; ich bin es mehr als sie" fängt er ein neues Capitel an; und mit einem dialectischen Meisterzuge fügt er einen neuen Abschnitt bey; und dieses auf folgende Weise, dabey ich seine eigenen Worte nicht nur formaliter sondern auch materialiter anführen will: „Als ein Unweiser sag ich es," das ist wenn ich euch als Narr vorkomme, indem ich mich den falschen Aposteln an die Seite setze, so werdet ihr mich noch für närrischer halten, daß ich ihnen den Weg ablaufe. Aber bald darauf fällt der gute Mann, der kein eisenmäſſiges Gedächtniß haben muß, auf etwas ganz anders.

Aber, was hab ich nöthig mich ängſtlich auf ein einzelnes Beyſpiel zu berufen? Die Theologen haben ſich ja augenſcheinlich das Recht verſchaft, den Himmel, daß iſt die heilige Schrift, wie der Schuſter das Leder auszudehnen. Beym Paulus widerſprechen ſich gewiſſe Worte der Schrift, die ſich an den Stellen, daraus ſie gezogen ſind, nicht widerſprechen; wenn man den fünfzüngigen (griechiſch, lateiniſch, hebräiſch, chaldäiſch, und Dalmatiſch redenden) Hieronymus Glauben zuſtellen kann. Zum Exempel, der Apoſtel ſah in Athen die Aufſchrift eines Altars; er verdreht ſie zum Behufe des chriſtlichen Glaubens; indem er alles das wegläßt, was ſeiner Sache hätte nachtheilig ſeyn können, und nur dieſe Worte „dem unbekannten Gott" und zwar auch geändert, anführt; die ganze Aufſchrift lautete alſo: „Den Göttern von Aſia, Europa und Afrika, den unbekannten und fremden Göttern." Nach dieſem Beyſpiele, wie mich deucht, richten ſich unſre heutige Theologen; hier und da klauben sie vier oder fünf Wörtchen zusammen, und auch diese, wenn es nöthig ist, drehen sie so lang herum, bis sie dabey ihren Vortheil finden, wenn gleich das Vorhergehende und Folgende nichts dazu hülft, oder ihm wohl gar gerade widerspricht. Dieses thun sie mit einer so glücklichen Unverschämtheit, daß oft die Rechtsgelehrten auf die Theologen eifersüchtig werden.

Worinn sollt es ihnen jetzt nicht gelingen? Jener grosse Theolog (bald hätt ich ihn wieder genannt, wenn der Esel bey der Leyer mich nicht nochmals abgeschreckt hätte) hat ja aus einigen Worten des Lucas eine Meynung herausgeleiert, die mit dem Sinne Christi so verträglich ist, wie das Feuer mit dem Wasser. Da sich die äusserste Gefahr näherte, eine Zeit, in welcher getreue Anhänger sich am geflissensten erweisen, ihren Gönnern beyzustehen, und nach bestem Vermögen auf ihrer Seiten zu streiten, da fragte Christus seine Jünger, die er lehren wollte, sich auf keine solche äusserlichen Vertheidigungsmittel zu verlassen, ob sie je an etwas Mangel gehabt haben, da er sie ohne Reisegeld ausgesandt hatte; da sie weder mit Schuen zur Vertheidigung wider Dornen und Steine, noch mit einem Reisesack und Nahrungsmittel zur Abtreibung des Hungers, versehen gewesen. Nein, sagten sie, nie hatten wir Mangel. Jetzt aber, sprach er, wer einen Beutel und Sacke hat, nehm ihn; und wer kein Schwerdt hat, kaufe eines, wenn er gleich deßwegen seinen Rocke verkaufen müßte. Da Christus stets die Sanftmuth, Verträglichkeit, und Verachtung des Lebens einschärfte, so ist hier seine Meynung nicht schwer zu finden; nämlich, um seine Gesandten jetzt noch mehr zu entwaffnen, sagt er ihnen, sie sollen sich nicht nur der Schue und des Sackes entschlagen, sondern auch den Rock wegwerfen, um das evangelische Geschäft desto hurtiger und ungehinderter betreiben zu können; sie sollen sich nichts anschaffen, als ein Schwerdt; nicht ein solches, mit welchem Räuber und Mörder zu würgen pflegen, sondern das Schwerdt des Geistes, das bis in das Innerste der Seele bringt, und daraus alle Leidenschaften so ausrottet, daß nichts als Frömmigkeit in dem Herzen herrscht.

Man sehe aber, wie jener Theolog die Sache zu verdrehen weiß: das Schwerdt erklärt er für die Vertheidigung gegen die Verfolgung; durch den Sack versteht er einen zureichenden Vorrath von Lebensmitteln; als ob Christus seine Meynung ändernd, weil es das Ansehen haben könnte, er habe seine Gesandten nicht stattlich genug ausgerüstet, über seine vorige Anordnung einen Widerruf thue. Also hätte er seiner vorigen Aussprüche vergessen: sie werden selig seyn, wenn man sie schmähe, schimpfe, peinige; sie sollen den Bösen nicht widerstehen; denn die sanftmüthigen seyen selig, nicht die trotzigen; sie sollen die Vögel und die Lilien zum Beyspiele nehmen; jetzt sollen sie sich wohl hüten, die Reise ohne Schwerdt anzutreten; ehender sollen sie ihre Kleider verkaufen. Wie er also meynt, daß unter dem Worte Schwerdt alles verstanden werde, das zur Abtreibung eines feindlichen Angriffes dienlich seyn kann: also versteht er durch Beutel und Sack alle Lebensbedürfniß.

Also versieht dieser Dollmetscher des Geistes Gottes die Apostel mit Ober= und Untergewehr, um soldatenmäßig den Gekreuzigten zu predigen; auch läßt er es ihnen an Reisegepäcke und Mundproviant nicht fehlen, damit sie nicht genöthigt seyen, auch das schlechteste Gasthaus mit hungerndem Magen zu verlassen. Der Mann läßt sichs auch nicht anfechten, daß auf den Befehl, ein Schwerdt zu kaufen, bald ein anderer erfolgte, der das Schwerdt einstecken hieß; auch daß es nie erhört worden, daß die Apostel sich wider Angriffe der Heiligen des Schwerdtes und Schildes bedient haben; etwas, das sie ohne Zweifel gethan hätten, wenn ihnen dazu ein Befehl wäre gegeben worden.

Ein Anderer (*), den ich aus Hochachtung nicht nenne, und der ein sehr berühmter Mann ist, macht aus den bey dem Habakuk vorkommenden Häuten, das ist Gezelten der Midianiten,

ten, die Haut des lebendiggeschundenen Bartho-
lemeus.

Neulich wohnt ich, wie ich es oft thue, einer theologischen Disputation bey; jemand kam
mit der Frage angestochen, auf welche Schrift-
stelle sichs gründe, daß man einen Ketzer ehender
durch Feuer und Schwerdt als durch Vernunftgründe besiegen müsse. Ein saurer Graukopf,
an dem schon die gerümpfte Stirn den Theologen
verrieth, schrie auf eine hämische Weise, dieses
Gesetz hat ja Paulus gegeben, da er sprach: „einen ketzerischen Menschen meide, nachdem du ihn
etlichemal ermahnet hast." Nachdem er diese
Worte mit grossem Nachdrucke verschiedenemal
wiederholet hatte, und jedermann im Zweifel war,
was sich doch in des Mannes Kopfe müsse zuge-
tragen haben, ließ er sichs endlich gefallen, sich
näher zu erklären. Um diese seine Erklärung zu
verstehen, müssen Sie meine Herren wissen, daß
der Mann latein geredet habe, und, „meide" in
dieser Sprache heisse devita; nun spaltete der verschmitzte Mann dieses Wort, und schrie: heißt es

nicht ausdrücklich de vita „aus dem Leben weg",
und ists nicht klar, daß man die Ketzer verbren=
nen, und die Asche in die Luft streuen müsse?

Einige lachten; doch fehlt es auch an solchen
nicht, denen diese Erklärung recht theologisch zu
seyn schien. Weil sich aber doch noch Ungläubige
finden lassen, ließ sichs unser unbesiegbare Held
gefallen, den Knoten mit einmal zu zerschneiden,
indem er sprach: Merket auf; es steht geschrie=
ben, einen Maleficanten soll man nicht leben las=
sen; nun ist jeder Ketzer ein Maleficant; und
folglich, und so weiter. Alle Anwesenden bewun=
derten des Mannes Scharffsinn, und fielen seiner
Meynung mit Haut und Haaren bey; keinem
träumte auch nur, daß das Gesetz von Zauberern
rede, die hier durch Maleficanten verstanden wer=
den; sonst müßte man auch jeden Hurer und
Trunkenbold, die ja auch Maleficanten oder Ue=
belthäter sind, mit dem Tode bestrafen.

Bin ich aber nicht närrisch, daß ich mich bey
Dingen verweile, deren es so unzählbar giebt,
daß sie in den tausend von dem Chrysippus und

dem Didymus geschriebenen Bänden nicht Raum finden könnten. Nur dieses möcht ich mir ausgebeten haben: da man es jenen Meistergelehrten nicht übel nimmt, wenn sie zuweilen einen Fehlschluß thun, so hoff ich, man werde für mich auch, deren theologische Einsichten noch auf sehr schwachen Füssen stehen, Nachsicht haben, wenn ich nicht alles haarklein abgezirkelt habe.

Endlich komm ich wieder auf den Paulus. Indem er von sich selbst redet, spricht er: „Ihr pfleget die Thoren mit Geduld zu ertragen — nehmet auch mich als einen Thoren an — ich rede nicht nach Gott, sondern wie in Thorheit — wir sind Narren um Christi Willen." Man hat gehört, wie der grosse Mann zum Lobredner der Narrheit wird. Ja, öffentlich fordert er zur Narrheit auf, als zu der nothwendigsten und heilsamsten Sache: „Wer unter euch weise zu seyn scheint, der werde ein Narr, damit er weise werde." Beym Lucas werden zween Jünger, zu denen Jesus sich auf dem Wege gesellt, von ihm Narren genennt. Noch mehr verwundere ich mich darüber, daß Paulus das Herz hat, Gott selbst etwas von Narrheit zuzuschreiben: Gottes Narrheit ist besser als der Menschen Weisheit. „Der Ausleger Origines will nicht, daß daß man diese Narrheit der Meynung der Menschen beylege; wie auch nicht die Stelle das Wort des Kreuzes ist Narrheit bey denen, die verlohren gehen."

Warum bemühe ich mich aber, die Sache ängstlich durch so viele Zeugnisse zu unterstützen? In den mystischen Psalmen sagt Christus gerade heraus zum Vater: „Dir ist meine Thorheit bekannt." Es geschicht nicht von ungefehr, daß Gott an den Narren ein so hertzliches Wohlgefallen hat; die Ursache wird wohl diese seyn: Bey den größten Fürsten sind die, welche allzuklug und scharfsichtig sind, verdächtig nnd verhaßt; also traute Cäsar dem Brutus und Cassius nicht, nicht, setzte aber kein Mißtrauen in den nassen Bruder Antonius; Nero konnte den Seneca nicht leiden; Dionysius den Plato nicht. Hingegen machen ihnen die Dickköpfichten und Unweisen ein grosses Vergnügen. Gleicherweise verabscheut, und verdammt Christus durchgehends jene Weisen, die sich auf ihre Klugheit was grosses einbilden. Paulus giebt es deutlich zu verstehen, wenn er sagt: „was närrisch vor der Welt ist, das hat Gott gewählt — es hat Gott gefallen, durch Narrheit die Welt zu erhalten;" die Welt, die durch Weisheit nicht zu verbessern war. Ja, Gott selbst spricht durch den Mund des Propheten: „ich will die Weisheit der Weisen verderben, und die Klugheit der Klugen zernichten." Auch hat Christus Gott gedankt, daß er das Geheimniß des Heils den Weisen verborgen, und den Unmündigen (nach der Kraft der Grundsprache, den Narren) geoffenbaret habe, die er den Weisen entgegensetzt.

Hieher gehört auch, daß Christus in dem Evangelium durchgehends, den Pharisäern, Schriftgelehrten und Gesetzerklärern, den Krieg ankündigt, und hingegen den ungelehrten Pöbel in seinen Schutz nimmt; denn das „wehe euch Schriftgelehrten Pharisäern" wird zuletzt anders nichts sagen wollen, als „wehe euch Weisen." Kindern, Weibern, Fischern, war er vorzüglich gewogen.

Unter den Thieren gefielen ihm die vorzüglich, welche von der Klugheit des Fuchses am weitesten entfernt sind. Er wählte sich einen Esel bey seinem Einzuge, und hätte sich, wenn es ihm beliebt hätte, eben so sicher dazu eines Löwen bedienen können. Der heilige Geist kam in der Gestalt einer Taube herab, nicht eines Adlers, oder Geiers.

Ferner nimmt die heilige Schrift oft Gleichnisse von Hirschen, Rehen und Lämmern her. Die zur Unsterblichkeit Auserwählten werden Schafe genannt; nun giebts nichts dümmers als dieses Thier; und schon beym Aristoteles steht ein Schafskopf in keinem grossen Ruhme. Christus schämt sich nicht, für den Hirten einer solchen Heerde gehalten zu werden; und Johannes bezeugt, daß es ihm gefallen habe, wenn man ihn ein Lamm nennte „siehe das Lamm Gottes." Und so wird er im Buche der Offenbarung oft be-

Was heißt alles dieses anders, als die Menschen, auch die Frommen, seyen Narren? Christus, um der Narrheit der Sterblichen zu Hülfe zu kommen, da er die Weisheit des Vaters war, habe selbst etwas von dieser Art mit des Menschen Natur angenommen, da er in seinen Geberden als ein Mensch erfunden worden? so wie er auch um der Sünde abzuhelfen, zur Sünde geworden; und abhelfen wollte er ihr blos durch die Thorheit des Kreuzes; sich auch nur tummer und ungelehrter Apostel bedienend; denen er fleißig Narrheit empfiehlt, sie von der Weisheit abschreckend, indem er ihnen Kinder, Lilien, Senfkörner, Sperlinge, zum Muster der Nachahmung anpreist; tumme und verstandlose Geschöpfe, die blos durch den natürlichen Instinkt, ohne Kunst und Sorge fortdauern. Er will, daß sie sich nicht darum bekümmern sollen, was sie von den Grossen der Welt reden wollen; er verbietet ihnen, den Zeiten und ihren Veränderungen nachzuforschen, damit sie sich in nichts auf eigene Klugheit sondern ganz auf ihn verlassen mö-

Gott, der Baumeister der Welt, verbietet den ersten Menschen, von dem Baume der Erkenntniß nur das geringste zu kosten; gerade, als ob dieses für die Glückseligkeit ein Gift wäre. Paulus spricht deutlich, daß das Wissen etwas aufblähendes und schädliches sey. Bernhardus, wenn ich mich nicht irre, nahm ihn zum Muster, da er den Berg, den Lucifer nach seiner Meynung zu seinem Wohnsitze gewählt, den Berg der Erkenntniß nennt. Vielleicht verdient auch dieses zum Beweise angeführt zu werden, daß die Narrheit bey den Himmelsbewohnern in Gunst stehe: man beruft sich auf sie, wenn man Verzeihung wegen einen Fehler erhalten will; der Weise weiß wohl, daß er nicht Vergebung finde, wenn er etwas verfehlt hat; und was thut er im solchem Falle? er giebt vor, daß er sich gleich einem Narren betragen habe. Wenn Aaron (wenn ich mich recht erinnere, im vierten Buche des Moses) die Sünde seines Weibes abbittet, so spricht er: „ich bitte dich, mein Herr, rechne uns diese Sünde nicht zu, die wir thöricht begangen haben." Auch

Saul bittet den David also um Vergebung: „es liegt ja klar am Tage, daß ich thöricht gehandelt habe." David selbst trachtet sich also bey Gott einzuschmeicheln: „ich bitte dich, Herr, nimm das Verbrechen von deinem Knechte weg, denn wir haben thöricht gethan," als ob er keine Vergebung hätte erhalten können, wenn er nicht Narrheit und Unwissenheit vorgeschützt hätte.

Das überzeugendeste ist dieses: da Christus am Kreuze für seine Feinde bath, sprach er: „Vater, vergieb ihnen, denn sie wissen nicht was sie thun." Ihre Unklugheit hält er für ihre beste Entschuldigung. Also schrieb Paulus an den Timotheus: „Gott erwieß sich mir barmherzig, weil ich es im Unglauben unwissend that." Was heißt das „unwissend" anders, als er habe es aus Narrheit und nicht aus Bosheit gethan? Und sieht man hier nicht zugleich, nur unter dem Schutze der Narrheit sey ihm Barmherzigkeit wiederfahren? Auch dient hieher die Stelle (ich führe sie aus Vergeßlichkeit etwas spät an) des mystischen Psalmdichters: „Gedenke nicht der Uebertretungen meiner Jugend und meiner Unwissenheiten." Haben Sie es bemerkt, meine Herren, daß er seine Jugend vorschützt, die mich zur steten Gefehrtinn hat, und seine Unwissenheiten, wo die gebrauchte mehrere Zahl die Grösse seiner Thorheit andeutet.

Damit ich mich nicht ins Unendliche vertiefe, will ich nur überhaupt dieses sagen: Es scheint wirklich, die christliche Religion stehe mit der Narrheit in einer Art von Verwandtschaft, und vertrage sich mit der Weisheit ganz und gar nicht. Wie! man verlangt Beweise hierüber? Hier sind sie: Erstlich; Kinder, Greisen, Weiber, Blödsinnige, haben vorzüglich ein Vergnügen an Kirchlichen Gebräuchen und Ceremonien; sie drängen sich stets am nächsten zu den Altären; und zwar blos durch einen Naturtrieb. Anbey waren die ersten Stifter der Religion wunderbare Freunde der Einfalt, und geschworne Feinde der Gelehrtheit. Endlich giebt es keine tümmere Stocknarren, als die, in denen die Flamme der christlichen Frömmigkeit lichterloh brennet; sie werfen ihr Geld reichlich aus, achten keine Beschimpfung, lassen sich betrügen, machen keinen Unterschied zwischen Freunden und Feinden, verabscheuen die Wollust, mästen sich mit Fasten, Wachen, Weinen, Ar= beiten, Grümmungen; sind des Lebens überdrüs= sig, wünschen sich nichts als den Tod; kurz, es scheint, selbst der gemeine Menschenverstand könne keinen Eindruck mehr in sie machen; es ist, als ob sich ihr Geist um eine andere Herberge umge= sehen, und seinen Leib verlassen habe. Und was ist dieses anders als Wahnsinn? Nein, es ist sich eben nicht groß darüber zu verwundern, daß es schien, die Apostel seyen voll süsses Weins; und daß es den Richter Festus deuchte, Paulus rase.

Da es mir einmal geglückt ist, mich, gleich jenem Esel, in der Löwenhaut sehen zu lassen, so will ich es wagen, auch dieses zu behaupten: die Glückseligkeit der Christen, um die sie sich so mühsam bearbeiten, ist anders nichts, als eine Art von Wahnsinn und Narrheit. Nein, meine Herren, bey den Worten müssen sie sich nicht auf= halten, sondern die Sache selbst erwägen.

Die Christen, die in vielen Stücken mit den Platonikern übereinstimmen, behaupten, die Seele sey mit Banden des Körpers gefesselt, und werde durch die Schwere desselben gehindert, sich zur Betrachtung und zum Genusse des Wahren hinaufzuschwingen. Daher beschreibt Plato die Philosophie als eine Betrachtung des Todes, weil sie die Seele von sichtbaren und körperlichen Dingen entfernt; etwas, das sie mit dem Tode gemein hat. So lange die Seele sich der Werkzeuge des Leibes richtig bedient, ist sie gesund zu nennen; wenn sie aber, die Bande zerreissend, sich nach Freyheit bestrebt, und auf Flucht aus dem Kerker denkt, nennt man es Wahnsinn. Und doch sehen wir zuweilen, daß diese Art von Menschen künftige Dinge vorhersagt, Sprachen, und Wissenschaften besitzt, die sie vorhin nicht erlernet hatte, und durchgehends etwas Göttliches äussert. Ohne Zweifel kömmt dieses daher, daß die von der Knechtschaft des Leibes etwas freyere Seele anfängt, sich ihrer angebohrnen Stärke zu bedienen. Und eben dieses halte ich auch für die

Urſache, daß Sterbende zuweilen wie Begeiſterte
reden.

Wenn eine übertriebene Frömmigkeit hieran
ſchuld hat, ſo iſts vielleicht eine andere Art von
Wahnſinne, doch jenem ſo nahe verwandt, daß
die wenigſten Menſchen den Unterſchied einſehen;
inſonderheit da die Zahl derer ſehr klein iſt, die
ſich in allen Theilen ihres Lebens von den übrigen
Menſchen unterſcheiden. Plato ſoll uns helfen,
ſie zu beſchreiben: Menſchen befinden ſich in ei=
ner Höle eingeſchloſſen, da ſie nichts als den
Schatten der Dinge ſehen; einer von ihnen hat
ſich daraus durch die Flucht gerettet; er kömmt
wieder zu ihnen, und ſpricht, er habe wirkliche
Dinge geſehen; ſie befinden ſich in einem gewal=
tigen Irrthume, da ſie glauben, es gebe nichts
auſſer den elenden Schatten; dieſer Weiſe hat
Mitleiden mit dem Wahnſinne der ſich ſo ſehr Ir=
renden; ſie aber lachen über ihn, als über einen
Blödſinnigen, und ſtoſſen ihn von von ſich).

Alſo bewundert der Pöbel die körperlichen
Dinge am meiſten, und glaubt, daß es keine

andern gebe. Fromme hingegen verachten das, welches dem Körper am nächsten kömmt, am meisten, und werden ganz zur Betrachtung unsichtbarer Dinge hingerissen. Jene ziehen die Reichthümer allem vor; dann denken sie auf die Gemächlichkeit des Leibes; und die Seele muß sich mit der letzten Sorge behelfen; ja die meisten glauben nicht einmal eine Seele: denn sie läßt sich ja nicht sehen! Diese hingegen steuern sich zuerst ganz auf Gott selbst, das einfältigste unter allen Wesen; nach diesem sehen sie auf das, was demselben am nächsten kömmt, auf ihre Seele; auf den Leib wenden sie keine Sorge; und das Geld verachten und fliehen sie, als ob es Koth wäre. Wenn sie sich je mit etwas dergleichen abgeben müssen, so thun sie es als eine schwere Arbeit mit Widerwillen; sie habens, als hätten sies nicht; besitzens, als besässen sies nicht. Durgehends sind sie auch noch auf vielerley Weise von einander verschieden.

Ja, alle Sinnen sind dem Leibe anverwandt; doch sind einige derselben gröber, als das Ge=

fühl, das Gehör, das Gesicht, der Geruch, der Geschmack; andere sind von dem Körper entfernter, als das Gedächtniß, der Verstand, der Wille. Da, wo die Seele sich am meisten an etwas haftet, ist sie am stärksten. Weil die Frommen alle ihre Seelenkräfte dem widmen, das sich von den gröbern Sinnen am weitesten entfernt, so sind sie hier wie tumm und betäubt. Mit dem Pöbel verhält sich die Sache gerade verkehrt. Haben wir nicht von einigen Gottesgelehrten gehört, daß sie in ihrer Zerstreuung Oel anstatt Wein getrunken haben?

Unter den Leidenschaften der Seele haben einige mit dem groben Körper mehrere Gemeinschaft; zum Exempel die Lüsternheit der Wollust, die Begierde zum Essen und Schlafen, der Zorn, der Stolz, der Neid; mit diesen sind die Frommen in steten Kriege verflochten; die Irdischgesinnten hingegen meynen, daß sichs ohne dieselbe nicht leben lasse.

Es giebt Leidenschaften von einer mittlern Natur; sie sind gleichsam etwas natürliches;

zum Exempel Liebe gegen das Vaterland, gegen die Kinder, die Aeltern, die Freunde. Der gemeine Mann räumt denselben etwas ein; jene aber trachten auch diese Leidenschaften aus der Seele zu verbannen; wenigstens sich ihrer nur dann zu bedienen, wenn sie sich in den höchsten Grad der geistigen Tugend verfeinert haben; so daß sie jetzt zwar den Vater lieben, aber nicht als Vater, denn dieser hat ja nichts als den Leib gezeigt (ja ihn hat man eigentlich Gott zu verdanken) sondern als einen rechtschaffenen Mann, aus welchem das Bild jenes obersten Geistes hervorleuchtet, der allein das Höchste Gut zu nennen ist, und ausser welchem nichts liebens= und wünschenswürdig seyn kann.

Eben dieser Richtschnur bedienen sie sich auch bey allen übrigen Lebenspflichten; so daß sie allerorten das Sichtbare, wo nicht ganz verachten, doch weit geringer als das Unsichtbare schätzen. Sie sagen, daß sich auch in den Sacramenten, und in den übrigen gottesdienstlichen Handlungen, Körper und Geist finden lassen. Beym Fasten zum Exempel halten sie nicht vieles darauf, wenn man sich nur von dem Fleischessen und der Nachtmahlzeit enthält, (etwas, das der gemeine Mann für ein vollkommenes Fasten hält) wenn man nicht zugleich auch den Neigungen etwas entzieht; wenn man nicht dem Zorne oder dem Stolze, weniger als sonst erlaubt; wenn nicht die sich jetzt durch das Körperliche weniger beschwerte Seele Mühe anwendet, zum Geschmack und Genusse himmlischer Güter zu gelangen. Beym heiligen Abendmahle (sprechen sie) ist das ceremonialische nicht zu verachten, doch ist es an sich selbst wenig nützlich, etwann schädlich, wenn nicht das geistliche hinzukömmt, nämlich, was durch die sichtbaren Zeichen vorgebildet wird; und vorgebildet wird der Tod Christi, dem die Menschen durch Bezwingung, Tödtung, und gleichsam Begrabung der Neigungen des Leibes nachahmen müssen, um zu einem erneuerten Leben zu auferstehen, und sich mit ihm und untereinander zu vereinigen.

Also beträgt sich, und also denkt jener Fromme. Hingegen glaubt der Gemeine Mann, daß die Religion anders nichts fordere, als sich bey den Altären einzufinden, sich zu denselben zu drängen, den Schall der Stimmen zu hören, und andere dergleichen kleine Ceremonien zu sehen. Und nicht nur in denen Dingen, die ich Beyspielsweise angeführt habe, sondern durchgehends in allem Thun und Lassen, flieht der Fromme von dem Körperlichen zum Ewigen, unsichtbaren und geistlichen.

Weil sich zwischen diesen Leuten durchgehends ein so grosser Unterschied befindet, so kömmt jeder dem andern als wahnsinnig vor. Doch läßt sich (wenigstens nach meiner Meynung) dieses Wort richtiger den Frommen beylegen, als den andern. Und dieses wird sich deutlicher einsehen lassen, wenn ich meinem Versprechen nach, kürzlich werde dargethan haben, jene unendliche Belohnung sey anders nichts, als eine Art von Wahnsinne.

Sie, meine Herren, müssen wissen, daß es dem Plato schon damals etwas dergleichen geträumet habe, da er schrieb, die Wuth der Liebenden sey unter allen andern die glücklichste. Wer durch und durch verliebt ist, lebt nicht mehr in sich, sondern in dem Geliebten; und je mehr er sich von sich selbst entfernt, und sich dorthin wendet, desto mehr wächst seine Freude. Wenn die Seele darauf umgeht, aus ihrem Leibe zu ziehen, und sich ihrer körperlichen Werkzeuge nicht richtig bedient, so legte man diesem ohne Zweifel mit Grunde den Namen der Wuth bey. Was würden sonst die gewöhnlichen Redensarten sagen wollen, „er ist nicht bey sich; kehre in dich selbst zurück; er ist wieder zu sich gekommen?" Ferner, je unumschränkter die Liebe ist, desto grösser und glücklicher ist die Wuth. Wie wird es demnach mit jenem Leben der Himmelsbewohnern beschaffen seyn, nach welchem fromme Seelen so inbrünstig seufzen? Mit siegreicher Stärke ausgerüstet, wird der Geist den Körper verschlingen; und schwer wird ihm solches nicht fallen: er ist bereits schon wie in seinem Reiche; und schon in vorigen Leben hat er den Körper zu einer solchen Verwandlung gereinigt und verfeinert.

Hernach wird die Seele von jenem höchsten unendlich stärkern Geiste auf eine wunderbare Weise verschlungen werden. Der ganze Mensch wird dann ausser sich selbst seyn, nur dadurch beglückt, daß er ausser sich selbst gesetzt ist, und sich durch jenes höchste alles an sich ziehende Gut, unaussprechlich beseligt befindet. Diese Seligkeit gelangt mithin erst dann zur Vollkommenheit, wenn die Seelen mit ihren vorigen Leibern wieder werden bekleidet, und beide unsterblich seyn; doch, weil das Leben der Frommen anders nichts ist, als eine Betrachtung jenes Lebens, und gleichsam ein Schattenriß desselben, so geschieht es, daß sie sich hier schon zuweilen bey einem entzückenden Vorschmacke desselben erquicken können. Freylich ist dieses nur ein überaus kleines Tröpflein, in Vergleichung mit jener Quelle der ewigen Glückseligkeit; doch übertrift es weit alle Wollüste des Körpers, gesetzt, daß man auch alle Vergnügungen aller und jeder Sterblichen in sich vereinigen könnte. So weit besser ist das Geistige als das Körperliche, das Unsichtbare als das Sichtbare.

Dieses ists, was ein prophetischer Apostel hierüber zu sagen gehabt hat: "kein Auge hats gesehen, kein Ohr gehört, in keines Menschen Herz ists gekommen, was Gott denen bereitet hat, die ihn lieben." Und dieses war Maria Theil, der bey der Veränderung nicht wegfällt, sondern zur Vollkommenheit gelangt.

Wer mit einem solchen Gefühle begnadigt worden (nur wenige haben sich dessen zu rühmen) der fühlt in sich etwas, das dem Wahnsinne sehr ähnlich ist; er redet Dinge, die nicht zusammenhängen; er redet nicht wie die übrigen Menschen; Töne sind es, bey denen sich kein Verstand äussert; in seinem Gesichte zeigen sich etwann die seltsamsten Geberden; bald fröhlich, bald niedergeschlagen; weinend, lachend, seufzend; kurz, er ist nicht bey sich selbst; und wenn er wieder nach Hause kömmt, so will er nichts davon wissen, wo er gewesen sey; im Körper, oder ausser demselben; ob er gewacht oder geschlafen habe; was er gehört, gesehen, gesagt, gethan, sind alles Dinge, deren er sich nicht erinnern kann, als nur durch einen Nebel, einen Traum; nur dieses weiß er, er sey am glücklichsten gewesen, alldieweil ein solcher Wahnsinn ihn beseligt habe. Seine Genesung beweint er; sein eifrigster Wunsch ist, daß ein solcher Wahnsinn ihm ewig möchte zu Theil werden. Und dieses ist ein sehr kleiner Vorschmack der künftigen Glückseligkeit.

Doch schon lange hab ich meiner vergessen, und bin aus meinen Schranken gewichen. Wenn es scheinen möchte, ich sey in meinen Reden zu frey und zu schwatzhaft gewesen, der erinnere sich, daß die Narrheit und ein Weib bisher geplaudert hab. Dennoch bitte ich Sie, meine Herren recht schön, zu bedenken, daß man schon bey den alten Griechen gesagt habe, ein Narr rede oft sehr schicklich. Und den unhöflichen Einwurf will ich von Ihnen nicht erwarten, die Griechen haben dieses Lob nur einen Narren, nicht aber einer Närrinn, beygelegt.

Ohne Zweifel erwarten Sie, meine Herren, zum Beschluß eine feyerliche Zueignung; in ihren Minen sehe ich es; aber, seyen Sie nicht Erznar=

ren, daß Sie sich bereden, ich werde mich alles des von mir herausgeschwatzten Wörterplunders noch erinnern können? Die Alten sagten: weg vom Trinkgelage mit dem, der nichts vergessen kann! Ich sage: weg aus meinem Hörsaale mit dem, der ein gutes Gedächtniß hat! Nun, meine Herren, weltberühmte Anhänger der Narrheit, leben Sie wohl, und wenn Sie mir Ihren Beyfall zugeklatscht haben, so vergessen Sie nicht, auf meine Gesundheit zu trinken.

p. 67. M. Curtius

p. 87. Vorzug der Arzeneykunst.

www.ingramcontent.com/pod-product-compliance
Lightning Source LLC
Chambersburg PA
CBHW031741230426
43669CB00007B/429